文
景

Horizon

社 科 新 知　文 艺 新 潮

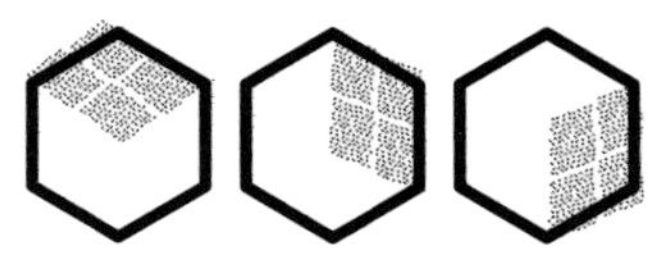

INSTRUMENTAL

A Memoir of Madness,
Medication and Music

JAMES RHODES

重要的是音乐

[英]詹姆斯·罗兹 著 —— 周河清 译

充满癫狂、
药物与钢琴的
前半生

上海人民出版社

给我的儿子

如果我们盲信创伤不可传达，那受害者就会被困住——无法感知他们的真实感受……你不会尊重说“我永远无法想象你的经历”的人。相反，我们应当聆听他们的故事并尝试身临其境——无论那会多么困难和令人不适。

——菲尔·克莱

美国海军陆战队退伍军人

简和我同意实验性分居，我搬出去了。

那串随机的二进制数据穿越空气呼啸而来，由诺基亚手机呈现在我眼前，作为末乐章，与我儿子的降生、巴赫《恰空》的第一个音符，以及与丹尼的见面一起构成了神奇四重奏，永远地改变了我的生命。

这是个难忘的时刻，早上4点，我受时差影响，忽然意识到我是发生在我儿子世界中一切坏事情的缘由。

这是开音乐会的完美方式。它剔掉了环绕着古典音乐产业如此深重的胡扯和自负，且对我们为何开始做这项工作的初衷——音乐——保持忠实。

前奏

古典音乐让我兴奋。

我知道对一些人而言，这句开场白不是那么让人期待。但是如果你涂掉“古典”这个词，也许就没那么糟糕了，甚至可能还十分有共鸣。因为如此一来，剩下的便是“音乐”这个词，而由此，我们谈论的便是一件普世的、振奋人心的、无形而永恒的事物。

你和我立即通过音乐联结起来。我听音乐。你听音乐。音乐渗透、影响着我们的生活，就像大自然、文学、艺术、运动、信仰、哲学和电视。它是伟大的统一者，是全世界青少年灵魂治愈剂的不二之选。它提供安慰、智慧、希望和温暖，数千年来一贯如此。它是灵魂的良药。钢琴有88个琴键，而它蕴含的，却是整个宇宙。

然而……

我的职业是“音乐会钢琴家”，所以不可避免地——这本书里有不少关于古典音乐的内容。我不会对一些出版社在出版本书时尽可能地忽视这个事实而感到有一丁点儿的惊讶。他们这么做，是因为古典音乐本身不再卖得出任何东西，它被许多人看作是与自身无关的存在。因为关于古典音乐的一切——从音乐家自己到对作品的推介、唱片公司、管理、整个行业风气和围绕它的道德——几乎完全没有任何可取之处。

但是，毋庸置疑的事实是，音乐——很大程度上——拯救了我的生命，并且我相信，它同样拯救了很多无以计数的其他人的生命。它在茕茕孑立时给人陪伴，在不知所以时为人解惑，在悲痛时抚慰人心，为因破碎、疲乏而虚空的躯壳提供纯粹、洁净的能量。

所以无论何时何地存在那种普遍的、膝跳反射般让人在听到或是读到“古典音乐”时翻白眼、鄙视它的情况，我都会想到我在过去犯下的重大错误——因为懒惰而采取了未经研究就蔑视的态度。如果你也存在同样的反应，我力劝、请求你，坚持一分钟，问自己这些问题：

如果存在不由政府、血汗工厂、苹果或大型制药公司生产，但能自动、一贯、无穷尽地为你的生活增添更多点滴的兴奋、光彩、深度的东西，你会好奇吗？

存在一种没有副作用，不需要承诺书、前期的储备知识、金钱——只需要一点时间和一副不错的耳机的东西。

你会感兴趣吗?

我们都有对我们生命具有意义的一段音乐。我们中很多人都已经对它免疫、聆听过度、感到厌烦并对它失望了。我们被电影、电视节目、购物市场、手机、电梯和广告里的音乐袭击。“量”早已压倒“质”。每件物品的增加显然是好的。但是,天哪,我们为此付出了多大的代价。每个真正令人兴奋的摇滚乐队、电影配乐或当代音乐作曲家,都会被强制在身上堆加成百上千的狗屁,在每一次有机可乘的时候。在此背后的产业对我们毫不尊重,更不信任。成功,与其说是应得的,不如说是收购、买来的,像妓女一样转嫁并操控地、隐伏地堆加到我们身上的。

在所有事中,我更希望这本书能提供解决长久以来违逆我们意愿、强加给我们的古典音乐产业的问题,这个产业完全成了掺水、自私自利的私生子。我希望也能显示出在古典音乐产业中出现的问题和潜在的解决方式可以适用于一个更大的范围,例如整个文化领域,以及作为特例的艺术领域。

而穿插在其中的则是我个人的故事。因为这个故事可以证明,音乐是莫可名状的问题的答案。我这点确凿的信仰的基础就是如果没有音乐,“我”曾会死去,更别提我现在卓有成效且切实地活着——偶尔还能快乐地活着。

很多人可能会说，我写回忆录实在是太早了。我现在38岁（写到这里的时候），在这个年龄写自传看起来相当自恋且自我主义。但是写下我所相信的东西能够使我继续活着，能延展我多年来的想法，能回应批评，解决一些麻烦和紧急的事件——我想，这是件值得一做的事情。

我之所以可以写下这些，源自一些其他人恐怕不会有的特殊经历，也因另一方面（目前为止）编辑把她眼中的“取得一些自己的成就”的想法推销给了她的领导，使我获得机会来写一本书。这让我禁不住想笑，因为你会看到接下来在超过八万字的篇幅里，我会被内在的疯狂、相当扭曲的正义观念、几乎没有值得交往以及更少的朋友环绕，还有——假使全然把自怜抛在一边，我是一个混蛋。

我讨厌我自己，太经常发疯，频繁地讲错话，在不适合的场合挠屁股（然后闻闻手指）。除非想死，否则无法直视镜子。我是个空虚、自恋、肤浅、孤芳自赏、好操控人、堕落、花言巧语、烦躁、黏人、任性、恶毒、有自毁倾向的人渣。

举个例子。

今天我在早上不到4点钟的时候起床。

早上4点是一天24小时里最糟糕的时间。实际上，从3: 30到4: 30的这一个小时真是彻头彻尾的操蛋。从4: 30开始感觉还凑合——你可以在床上乱蹬，直到5点钟再安然起床，因为你知道一些人确实会在早上5点起床，在上班前跑个愚蠢的慢跑，为早班做准备，冥想，做瑜伽，或是有45分钟的幸福时刻，可以不去想孩子们或是按揭。

或者让大脑放空。

怎样都行。

但是如果你在这个时间之前起床，那么显然你出了点儿问题。

一定是有问题。

我开始写下这些的时候是早上3: 47。

我不对劲儿。

我看够了早上4点从眼前流逝过去，从我的劳力士手表（假的）、苹果手机支架、万国手表（真的），从我的祖父、墙、自动翻转的调频/唱片播放器、卡西欧手表、米老鼠（反转的计时器）直到它/它们寿终正寝。我能听见无可避免的精神上的滴答声，就像开关被打开，这个“他妈的”时刻——你决定起床并跟随它，进入这个世界。你知道这将会造成伤害，并且漫长难捱。

我知道，比如说，我将完成我四小时的钢琴练习，抽掉14根烟，喝掉一壶咖啡，洗澡，读报纸，收email并在今天9点前把车灌满汽油。我能在早上9点前完成一天内要干的所有事情。知道这一点我又能怎么办？从上午9点到晚上11点间

（这是我能关灯，并尝试睡觉，而不感到自己是个有精神疾病的失败者的最早时刻），我能做什么？

我知道为什么我一直起这么早。

这都是因为我的脑袋。这个敌人。我最终可能会死于它；地雷、定时炸弹、莫里亚蒂。我这操蛋的脑袋叫我哭泣尖叫还大喊，绝望地让我在受挫时把发神经的大脑的眼珠抠出来。无所不在的，始终如一的仅仅是它的矛盾、愤怒、惯宠、堕落、扭曲、错误、尖锐、哀鸣、掠夺成性。

以下是今早发生的：

脑袋[1]

詹姆斯·罗兹创作的独幕短剧

人物：

男人：散乱，不安，毛发浓密，皮包骨头。

女人：火辣身材，金发，那男人完全配不上她。

男人在床上，躺女人身边。他的眼睛突然睁开了。

她在睡觉。他醒了，焦躁不安。

1 原文为法语，La Tête。——译者注，全书下同钟表上显示的时间是早上3:30。

他表情极丰富的脸，暴露出他不该和她这么好的人在一起。不该和任何人同床。不该陷入这么普通、危险又亲密、操蛋的日常。

女孩太漂亮、友好、慷慨。

男人拥抱她。她没有动。

他跨在她的身上把头发从她眼睛上捋开。

男人：亲爱的，我真的很爱你。我想念你。我想要你。

女人：（以低哑的声音，依然半睡着）我也爱你，我的宝贝。一切都好，宝贝。我保证。

她继续睡了。

男人开始轻抚她的右乳，亲她的脖子。他对此相当笨拙，还用了那种显得糟糕的渴望方式。

女人：呒，我可以再多睡一会儿吗，亲爱的？你好性感。但现在太早了。

她继续睡了。

男人被迫踉踉跄跄地愤愤下床，很大声地穿衣、关上卧室的门。

他走进厨房打开咖啡机。

男人：（模仿她）但现在太早了……去你的。

品特[1]风格的暂停

男人：（转圈踱步，面向观众）她压根就讨厌我。要是其他人她肯定会操翻他们。操上半天。她大概现在就在“自己解决”呢——想着某个健身房里的混蛋，一个既不缺乏安全感也不爱发牢骚的人。这些家伙就这么自信满满，可以毫不费劲地用“伙计”这个词搭讪，还能煞有其事地聊足球，够了，别再想了。

他坐在他的电脑前，咖啡杯在一边。

打开一个程序，点燃一根香烟，开始打字。

男人：（边打字边说话）我亲爱的，当我在写这些的时候，你正在床上对着某个前任或是你的老板或是某个肌肉发达、帅气的龟孙子自慰。我知道你在自慰。所以我必须在另一个房间里惩罚你，仅使用我的精神。

（抿一口咖啡。）

我知道他们是一切而我什么都不是。在我的头脑里我把他们默认为魔幻的、不争的事实——“巨大的鸡鸡和真正的天才”。我不敢相信你会这么对我。我愤怒到颤抖。肾上腺素在涌动，我的呼吸要炸裂了，我因为太多或者太少的氧气而眩晕，我不知道究竟是前者还是后者。我是对的，你是错的。

---

1 哈罗德·品特（Harold Pinter，1930—2008），2005年诺贝尔文学奖得主，英国荒诞派戏剧的代表作家，常把喜剧、现实和荒诞杂糅在一起。

我知道你真正想着谁，真正想要什么，并且这不可能，也不会是我。谢谢你对我表达得这么清楚。现在，再一次地，我的世界又合理了。秩序恢复，蝴蝶可以不受责罚地拍拍翅膀飞走。再一次地，一切让我感到不那么像个受害者，有那么点快乐、满足、人情味的，都受到了胁迫，被忽视和应付了。而现在4:10都没到呢。这都怪你，你这没心没肺的残忍的婊子。

男人把电脑放在恰当的位置。他打开厨房抽屉，拿出一把刀，割开了自己的喉咙。

结束

这个场景，这个非常布莱希特[1]式的巨作——除了最后一句，因为我不想太欺诈地坚持到底——就是我今天早上的脑袋。它每一天和所有日子里都上演着上千种相似的场景，涉及大多数我要接触到的人。我过去、现在，估计未来也会一直这么思考、想问题。通常我能自持，有时则会暴露。无论如何，它一直在那儿。这就是我为什么无法抑制地觉得自己是个精神有问题的失败者。

1 贝尔托特·布莱希特（Bertolt Brecht，1898—1956），德国戏剧家、诗人。布莱希特提出了“史诗戏剧”和“间离方法”——演员不只是驾驭角色，也随时跳出角色，面对观众，与角色本身保持距离。

一个快速的警告——在你继续阅读下去之前：这本书很可能会让你产生强烈的反应，如果你曾经历过性虐待、自残、精神疾病的机构化治疗、毒品成瘾或是有自杀倾向（古往今来，用来描述拥有想亲自获得死亡这一执念的古怪又迷人的医学术语）。我知道这种警告通常也是一个愤世嫉俗、猥琐地引诱你继续阅读的方式，而且说实话，我写这些的时候确实有部分出于这个动机。但请不要读到这里就去把你的手腕割开，走神想到小时候的经历，给自己喂药，揍你妻子/狗/你自己的脸，然后怪我。如果你是这样的人，那么毫无疑问你也曾在整个操蛋的人生里都把责任推到别人身上，所以请停止，也不要把你病态的自我憎恨强加于我。我一度也做过同样的事情，这既是歧途也十分可悲。

更好的那个我甚至不希望你阅读这本书。它需要匿名、孤独、谦恭、空间和隐私。但是，我更好的那个部分是我整个的极小一部分，大部分的我表决后，希望你买下这本书、阅读它、对它有所反应、谈论它、爱我、原谅我，从中获得一些特别的东西。

并且，再次地，这本书会在一些地方讨论到古典音乐。如果你对此表示关心，那么在扔掉这本书或者把它放在书架上之前做一件事——买，偷，或者上网在线聆听这三张唱片：贝多芬《第三和第七交响曲》（你可以在iTunes上花5.99英镑买齐由伦敦交响乐团［London Symphony Orchestra］演奏的所有九部交响曲[1]）；巴赫《哥德堡变奏曲》（钢琴版本，由格伦·古尔德演奏，较理想的是1981年的录音室版本，在iTunes上不超过5镑）；拉赫玛尼诺夫《第二和第三钢琴协奏曲》（由安德烈·加夫里洛夫钢琴独奏，6.99镑）。最糟糕的情况不过是，你付了钱，讨厌这些音乐，花掉了一顿外卖钱。你可以上推特骂我[2]，然后拍屁股走人。而最好的情况是，你打开了一扇通往某种事物的门，它会让你困惑、喜悦、激动并震惊——伴随你的余生。

在我的音乐会中我会谈起我演奏的乐曲，为什么我选择它们，它们对我来说意味着什么，它们被写作时的语境是怎样的。基于这样的特点我将为此书提供一套音轨。就像高档餐厅会为每道菜提供相辅的红酒一样，书中每一个篇章都有一段音乐相伴。你可以在网上找到它们：https://bit.do/instrumental——免费，精挑细选过的，并且十分重要。希望你们喜欢它们。

1 iTunes目前未支持中国大陆区域账户购买音乐，建议有需要的读者可以尝试苹果公司推出的流媒体Apple Music。

2 作者的推特账号是JRhodesPianist。

第一曲

巴赫，《哥德堡变奏曲》，咏叹调

钢琴：格伦·古尔德

1741年某个有钱的伯爵（原文如此[1]）在与疾病和失眠作斗争。就像在那时所有人所做的一样，他雇了个音乐家住在他家，在他晚上醒来与恶魔搏斗的时候为他弹羽管键琴。这相当于巴洛克时期的热线广播节目。

那位音乐家的名字是哥德堡，伯爵带他去巴赫那儿上课。在课程期间，伯爵提到他希望哥德堡能为他弹些新曲子，可以让他在早上3点振奋一些。阿普唑仑[2]还没发明。

---

1 原文为拉丁语Sic，表示前面的引文不正确或存在不常用的拼写、短语或标点用法。《哥德堡变奏曲》为“伯爵而写”的出处是巴赫传记作者约翰·尼古劳斯·弗克尔（Johann Nikolaus Forkel，1749—1818）的传记，由于写于《哥德堡变奏曲》创作之后的60年，所以“应伯爵要求写《哥德堡变奏曲》”这一事件的准确性其实是受到质疑的。

2 阿普唑仑（Xanax），一种催眠镇静药。

为此，巴赫创作了所有键盘音乐中最经久不衰、强有力的作品之一，也就是为我们所知的《哥德堡变奏曲》；一段咏叹调，以及随之而来的30个变奏，最后，作为结束，像一个圆环般的回归，重复了开头的咏叹调。主题和变奏的观念类似于一本由多个短篇故事组成的书，但基于一个单一、统一的主题——开头的故事描述某个特定的主题，而接下来收录的故事都与这个主题相关。

作为钢琴家，它是最令人感到沮丧、困难、难以驾驭、超验、变化莫测、永恒的音乐。作为听众，它对我起到了只有一流药物才能达到的功效。它们是奇境中的大师级作品，其中包含了一切你想要知道的东西。

1955年，一位年轻、杰出、打破旧习的加拿大钢琴家——格伦·古尔德，成为最早在钢琴而非在羽管键琴上弹奏和录制这个作品的钢琴家之一。他选择这个作品录制他的第一张专辑，尽管唱片公司高管很恐慌，更希望他出一张更主流一点的作品。但这张唱片成了古典专辑中最热销的唱片之一，并且直到今日，古尔德的录音依然成为其他钢琴家所期望达到的水准——但他们全都不合格。

我正坐在我位于梅达韦尔的公寓里。穷哈哈的区域，靠近哈罗路的地方，那路上小孩子们大声喊叫，酒精饮品和快克分别是这里的纯果乐[1]和爆米花。我在婚姻终结的时候失去了在上流地段的好房子（伦道夫大道，W9，显而易见）——那是一栋有2000平方英尺（约合185平方米）、全新斯坦威三角钢琴、大花园、四个厕所（你够了）、两层楼和必不可少的SMEG冰箱的房子。

不过，那里地毯上还有血迹，隔墙也听得到愤怒的尖叫声，还有那无法祛除、顽抗着除臭剂的倦怠恶臭。我现在的住处虽小，但是格局完美，只有一个厕所，没有花园，还有一架有点问题的日本立式钢琴，并且有着更令人愉快的充满希望的味道，以及救赎的可能。

在混杂着导演、制作人、工作人员、第四频道电视台执行人和其他一些东西之间，我在此和我的女朋友哈蒂、我妈妈乔治娜、经纪人丹尼和我最好的朋友马修在一起。这四个人从一开始就在这里，我妈妈显然如此，而其他人来来去去，但这几年都陪在我身边。

这些家伙是我生命的支柱。他们是我的全部。由于我儿子显而易见的、令人伤心的缺席，他们是我生命中的光明力量，代表着在黑暗时期继续活着（保持活力）的最强有力的可

1 纯果乐（Tropicana），美国百事集团旗下的果汁品牌。

能的动机。

在我的客厅里，比萨盒子散乱在地板上，我们正准备看我第一部在第四频道播出的电视节目《詹姆斯·罗兹：内心的音符》（*James Rhodes: Notes from the Inside*）。这是我的重大时刻。对大家来说也是如此，我猜。但是对我来说——我本不应该出现在这里——这一时刻所代表的意义远远超过上《我是名人》这类节目所制造的虚荣感。

这时距我从有看守的精神病院里放出来差不多整六年。

我从我去过的最后一个精神病院离开时是2007年，从成堆的药物里抬起头，没有工作，没有经纪人、唱片、音乐会、钱，或是尊严。而现在我正要出现在预计超过百万观众面前，在第四频道黄金时段的纪录片里，我的名字在标题里。所以是的——即便带着理所应当的愤怒、自以为是、被害者的满脸不悦，它仍是件大事。

而对我来说意义更重大的地方在于，它可能轻易成为像第五频道电视台标题为《我为了阻止外星人入侵第二次吃掉了自己的鸡鸡》那样的纪录片。也可能成为出现在某集《绳之以法》的有线电视里的桥段。但它没有。它精彩、诚实、笨拙且不自在。就像某个你太多次分享的初次约会经历，但是你毫不介意，因为她实在太火辣而且可爱了，你只想钻进她的身体，在遇到她的那一刻就死去。

我们制作这个片子背后的假设是音乐能救人。它能给人一剂救赎的强心针。它是极少数（非化学性的）可以钻进你的心智里的真正的好东西。所以我把一架大大的斯坦威D型钢琴（最好的琴，价值12万英镑，重1300磅［约合589公斤］）搬进了紧闭的精神病房，与四位精神分裂症患者见面，在与他们交谈之后，我分别为他们弹琴。他们感觉好多了，我看起来很留恋，我们都走向一条自我探索的旅途，并找到了更好的寄托。

看到这里，这是如此一部电视意淫片，令人作呕。

但这是一部强有力的片子。随便挑一份每天能读到的报纸，都说它直戳泪点，但不是操纵人的、独立电视台（ITV）的那类形式。媒体最大的重点是认为我并不仅仅在呈现和表演，而是特别“直击要害”（他们的用词），因为我也曾被精神病院收容并在有看守的精神病房里待了好几个月。他们欣然接受这个“受害者转变成功”的狗血剧情。而从我的角度，倒也喜欢这一点。我会参加所有我能获得的宣传活动，尽可能多地接受广播和电视采访，还有尽可能多地接受跨页宣传和杂志拍摄。

当事情慢慢累积起来，我会利用自己的背景经历和最少的才能来卖专辑，帮助慈善团体，巡游各地，做更多的电视节目，并尝试为那些无法发声的人做点事情——那些人正面对最黑暗、绝望的症状和情形但没人倾听，那些被忽视贬低的人，孤独，迷失，孤立。你能看到他们踯躅在自己小小的世界里，低着头，紧闭眼睛，因旁人未予倾听而跌回糟糕、寂静的角落。

但对我而言，我也利用它来为自己做点什么。我会用赚到的钱买我用不上的废物。升级一切装备。变得受人瞩目，备受关注。我的脑袋告诉我需要这样，我渴望它们。因为某种程度上我相信有一丝微小的可能性：（商业上的）成功，加上关注度，最终会修复我不对劲儿的地方。

如果不行的话那我就会去拉斯维加斯，在极其短的时间里花掉一大笔钱，再打爆自己的脑子。

我们都看着这档电视节目。我感到不舒服，被暴露无疑。就像听我自己的声音在答录机上对着满屋子的人播上一个小时。赤身裸体。没有什么事情能与看到和自己名字相关的推特内容蹿升至第一的感受相仿，真的有上千的评论、消息、推文以及脸书的更新都是跟你相关的，让你渴望一个隔绝又安全的软壁病室。这是成为一个希望获得关注的王八蛋的负面效应——我们长久地喊着“看看我啊”，但当真的有人这么做的时候，又感到困惑、受到惊吓，对此心生怨恨。给任何怀有狡黠动机的东西点一盏灯，它通常都会想惭愧地爬走。

节目在我这间凌乱的小客厅里还挺被接受的。要不然呢。我们吃着东西。他们总是都说些好话，不是社交障碍的人都会这么做。我请哈蒂以外的其他人离开后，我便上床了。

我想的是自己在屏幕上看起来多么讨人厌哪，那些一点儿都不合身的牛仔裤，傻透了的头发，颤巍巍的钢琴技巧和逢迎的声音。我本该准备得更充分一些，还有我明天会不会因为在地铁里被认出来而感到自己变得重要了呢。然后我就对自己感到又厌烦又生气，强迫自己想想接下来的十天里我会有六场音乐会的事。我执行着我一贯的夜间计划——在我的脑子里，每首曲子的小节开始逐个走过场。我检查构成音乐会的每个重要组成部分：记忆（我可以在我脑海里看着自己演奏，并弹对每个音符吗？）、结构（每个部分如何与下一个部分发生关系，哪里是重要的转折和变化，整场演奏是怎样统一又关联的）、对话（情节是如何叙述并得到最好的表达的）、声音（在一个乐段里包含着好几个隐藏在音符里的不同旋律，我应该选那个明显的旋律，还是找到一个更内在的声音来表达出新的内容），等等。这就像在我的大脑里有一台神经不正常的唱机，内置一个乐评人喋喋不休地评论着；从每部作品的开头开始，每次犯了错误或者记忆忽闪了一下时，我就不得不从头开始。对于一个时长75分钟的音乐会来说，这过程是要进行一阵子的。但是它起到了作用，并且能让我不再想着其他事情——如果一不小心想了那些事，那只会把我拽向一条只有麻烦的道路。

我设法睡了三个小时。我醒来的那一刻，它又负在我身上了。它通常是我身边形影不离的伙伴。

存在一种癖嗜，比任何药物都更具毁灭性，也更危险，但它尚未被公认，仅仅在被谈论着。它阴险且无处不在，已经达到了蔓延的程度。它是触发应得权利、怠惰和包围着我们的忧愁的文化的主要起因。它是一种艺术形式，一种身份认同，一种生活方式，具有深不可测、无限容量的伤痛。

它就是受害者情结。

受害者情结在相当短的时间内成为我们自我实现的预言。我花了过多时间沉溺于此，它也用了锚拽住我，让我在自己亲手建造的地狱——受害者——里越走越远。

当我还是个孩子的时候，有些事发生在我身上，加诸我，引导我从我——也仅仅是我——的角度审视自己的生活，将责任归咎于我内心里自己厌恶的那些部分。如果我先天已经从细胞级别的程度上败坏了的话，其他人也可以如此对我。而这世上所有的知识、认识和慈悲都永远，且再也不会改变这已然成为我真实情况的这一部分事实。一直都是如此。一直将会是如此。

去问任何一个曾被强奸的人。如果跟我说的不同，那么他们就是在撒谎。

受害者只会在伦敦卡姆登区的破败情色按摩室获得美满结局。不可能在其他地方。我们感到羞耻、愤怒、受到惊吓，应该被怪罪。

我周三晚上坐在自己该死的逼仄的客厅里，看着自己在电视屏幕上变成一个巨大的可憎的王八蛋，然后发现并没什么是真正改变了的。在心底，就像大多数人一样，在38岁的年纪，我内心有个空空如也的黑洞，没有什么东西，也没有任何人可以填充。我说“就像大多数人”是因为——好吧，看看你周围。我们的社会，我们的商业，我们的社会构成、习惯、历史、癖嗜、消遣都建基于庞大的、放诸四海而皆准的空虚和不满。我称其为自我憎恨。

我讨厌过去的我、现在的我和将来的我，并且，正如我们被教育的那样，我因为我的一举一动不断责骂自己。正因为这已然成为全球化级别的偏狭、贪婪、赋权和机能失调，而非局限于一个社会上小范围的受伤群体，因而我们都身在一个处处是痛苦的世界。假使过去曾经存在某一种不同的生存方式，那么到如今也基本可以肯定，它们也已经规范化了。我依然对过去那样的自己感到愤怒。

在所有一切之下奔流着愤怒，它给我的生活添加燃料，给我心里的野兽喂食。无论我多努力，都有种愤怒依旧一直阻碍我成为更好的自己。我受诅咒的脑袋看起来有自己的生活，完全超出我的控制，不能接收说理、同情或是交涉。它把我从深处关闭。孩童的世界里语言没有意义。而作为成年人，它会在我的床的另一边等着我，在我醒来前一两个小时就开始讲话。当我睁开眼睛，它便进入火力全开的模式，高声地放出那些屁话，比方醒来该是多么高兴，我今天看起来多么失败，今天是如何没有足够时间，我会把一切搞砸，我的朋友们会暗算我，不要相信任何人，我必须尽最大的努力尝试抢救生活中的一切，虽然知道这必然失败。这某种程度上是中毒的我——被侵蚀的，被渗透的，被穿透的，消极的，所有负面的形容词。

我现在能从内心感受到这一点。我之前没意识到我依然是多他妈的愤怒，直到我开始写这本书。一点点的钱、关注和媒体真是绝妙的烟幕弹。贝多芬癫狂时也能做得十分杰出。为什么这么多成功人士毫不停滞，向前进，尝试从他们的恶魔手中逃脱，通过积累更多物质、更多混乱和更多噪声，直到从高处跌落，迎面把自己跌成平面，并自毁？因为你无法逃脱如此强有力的愤怒的起因。

我可以轻松愉快地从外部找到使我内心痛苦的原因。我能作为一个有说服力的案例来解释为什么大多数时间里，我都是个可悲、愤怒的杂种，因为在我生命中的每个事件、每个场合、每个人、每个地点、每个物件都对我之所以如此负有责任。

我也可以有说服力地从内部，把聚光灯对准自己，开个名为自责、伴随着持续不懈的恐怖的派对。

而这些都是不相干、不重要且无意义的。

我总是太经常怪罪所有人和所有事情。我有些时候会精神变态般的愤怒到无法呼吸。无路可走，也没有什么可以缓和这一点，除了少数昂贵、危险的短期修复疗法能够做到。而这愤怒就是作为一个受害者的回报——所有的癖嗜的债总要还清的，而愤怒和怪罪就是让我维持这一天又一天的基本回报。

相信我，这种看似陷落在严重的过度自我厌恶和烦躁的自怨自艾的混合物，并不是我想成为的自己。

我知道这一点。

谁会喜欢变成这样呢？更别提承认了。

我想要全然的谦卑。为音乐和世界服务，帮助那些比我少一些运气的人，证明恐怖可以被忍耐和克服。去帮助，去给予，去栽培，去发展。去感受光明、自由和平衡，然后经常微笑。

但是我更有可能和蕾哈娜打得火热。[1]

从根本上，我如此愤怒的原因是我知道此生没有任何事，也没有任何人可以帮助我完全克服这一切。没有亲人、妻子、女友、心理医生、iPad或是药物、朋友能起到作用。在孩童时被强奸是创伤中的珠穆朗玛峰。怎么可能不是呢？

从6岁开始，我被利用、被操、被毁坏、被玩弄、被侵犯。一次又一次，一年又一年。

而以下，就是关于它是如何发生的。

---

1 罗宾·蕾哈娜（Robyn Rihanna Fenty，1988— ），美国女歌手，她的男友曾因对她实施家暴而被判五年缓刑。

第二曲

普罗科菲耶夫,《第二钢琴协奏曲》,末乐章

钢琴：叶甫根尼·基辛

谢尔盖·普罗科菲耶夫是最伟大的音乐改革者之一。他在9岁的时候就写了第一部歌剧，少年时代，在圣彼得堡音乐学院的时候他已经能写出那些伟大的初生牛犊不怕虎的音乐了。他创作的那些极为不和谐但又神乎其技的音乐，摧毁了围绕调性写作的惯例，猛烈地将音乐一脚踢向了新的方向。

我爱他，还因为他会获得《纽约时报》上类似这样的评论:“‘为奴之家’[1]的关键关系被抛弃了。他是丑恶情感的心理学家。憎恨、蔑视、愤怒——其中最重要的是愤怒——恶心、绝望、嘲弄和挑战合理地承担起情绪的模型。”

真了不起。

---

1 这里借用的是《圣经·旧约》中《出埃及记》的典故，摩西带领受到迫害的以色列人离开埃及这一“为奴之家”。

1912—1913年普罗科菲耶夫写了一首钢琴协奏曲来纪念一位给他寄来一封诀别信后自杀的朋友。那音乐是如此刺耳、如此愤怒、如此势不可挡的疯狂，以至于首演时多数听众觉得普罗科菲耶夫在取笑他们。这作品成为音乐曲目中最难的作品之一，只有少数钢琴家有勇气来演奏它。有位钢琴家在现场演奏它的时候断了根手指。

它是我听过的音乐中，对仓促慌乱的疯狂描述最精准的。

我开始上学了，还有点脆弱。说到底这是个“很大的学校”。我是个紧张的孩子，害羞又渴望讨人喜欢、被喜爱。我纤弱又漂亮，看起来有一点儿像女孩子。而学校本身则是奢侈昂贵的。它与我家在同一条路上，在我小小的眼睛里它是巨大的。我5岁。我几乎没有朋友，而我不是很在意这一点。我是“敏感的”，并不迟钝或是笨拙。只是与人有些距离。我喜欢舞蹈、音乐，有生动的想象力。我从那些看似把成年人拖垮的大多数糟心事中脱身，理应如此。小小的世界在我面前成长着，舒展开来，而学校也有很多要探索的东西——再一次，理应如此。

有一天（我正想说是“某个星期二”，但那已经过去30年了，我他妈的才不知道那天是星期几）我和其他同学一起去体育馆。第一堂体育课把我吓坏了。其他同学看起来都知道要干什么，他们可以爬绳子、互相掷足球并发出快乐的喊叫。我则属于那种“在球场边线看着”的孩子。但是我们的老师李看起来却并不介意。他不断向我投来鼓励、和善的目光。好像他知道我有点儿难为情，但是他支持我，完全不在意。这一切都不言而喻，但这感觉很纯净、明确、安全。

我发现自己在课上越来越多地朝他看去。而且，每次我都能对上他的眼神，他的眼睛微微闪光。他对我微笑，以一种其他男孩子们不会发觉的方式，而我在一种深层、无可触及的程度上也能感受到这个微笑仅仅是给我的。当他看向我的时候，我感到喧嚣、拥挤和人群都消退了，有顶彩虹般的聚光灯打在我身上，只有我和他可以看到。

这事在每次我去上他的课时都会发生。仅仅达到感到一点点特殊的程度，没有到突出的地步。但即便如此也足够让我对体育课感到兴奋了。这也算是个史诗级别的成就了。我不断尝试对他好些，所以他会对我有更多一点的关注。我提问、回答，跑得更努力，爬得更高，不抱怨，保证我的体育训练服干净齐整。我知道有一天他会“到来”。果不其然，在几周后他要求我留下，帮他整理用具。我感觉就像中了彩票，而自尊心就是头奖，一句特殊的，“你是我教过最好、最聪明、最可爱、最杰出的孩子，现在你的耐心得到了回报”作为奖励。由于自豪，我满心兴奋，生机盎然。

所以我们整理了场馆用具，还聊天了。像成人间的谈话。而我尝试着摆出全然冷漠的态度，好像这种事常在我身上发生，好像我的朋友都有130岁那么老了，且都是成年人。他便对我说，“詹姆斯，我有一个礼物给你”，那一刹我心跳停止了。他带我到可以随意进出的体育馆储物柜那儿，那里存放着所有的器材，他的桌椅也在那里。他在他的桌子抽屉里翻找了一番。他妈的，要是他没有翻出那一盒火柴就好了。火柴套着亮红色的盒子。我知道当时我并没有被允许去触摸火柴。但这个（极其酷的）男人给了我一根，给了我一个大大的“可以”去点燃几根。

小孩子真是非常愚蠢，这就是为什么他们是小孩子。他体重超重，脑袋是秃的，起码有40岁，体毛过多。但是对我这个5岁的小孩子来说他成熟、强壮、和善、帅气、潇洒，并且完全是奇迹一般。想想看吧。

我问他是否确定可以这么做，他再一次地告诉我继续，并点燃了另一根。于是我也做了。我点燃了一根火柴，等着麻烦、训斥和戏剧性情节的发生。当发现什么也没发生，也没有什么陷阱后，我肆无忌惮了，咯咯傻笑，一根又一根地划着火柴，眼睛睁大，闪着光，闻着硫黄的味道，听着火焰撕裂的声音，感受我小小的手指上的温度。

育儿小贴士——如果你想要半小时安静的小憩，给你的小崽子一盒火柴。他们会完全迷醉。

那是我当时还很短的人生里最美好的30分钟。我感受到所有小男孩极度渴望想感受的一切——所向披靡，成年人，六英尺（近一米九）高。被关注。

所以一切继续下去了。好几周。微笑，使眼色，鼓励，削笔刀，打火机，贴纸，巧克力条，动画玩偶。一个作为我6岁生日礼物的Zippo打火机。神秘礼物，特殊动作，还有参加课后拳击俱乐部的邀请。

这是一切变糟的开始。

确认我是自愿选择参加拳击课这一点非常重要。我被问道是否自愿，我点头了。这是一个非常神志清醒的选择，并没有什么东西被强加在我身上。这个家伙，这个我想要接近的“电影明星”，因为他喜欢我，让我感到特别，邀请我在课后同他一道做一些事情，所以我同意了。

你可能会觉得我那5岁的心志有点儿不可靠。没有完全成型，也没有能力做到准确地回忆。所以我就让小学教务长来为我发声吧。以一种适当、正统的方式。这是一份口供，是她在2010年口述的，未经编辑。

1980年9月，我被任命为阿诺德学校教务长，一所为圣约翰伍德区域的男孩开设的预科学校。这也是我第一次遇到詹姆斯·罗兹的地方。他是个美貌的小男孩，深色头发，身态轻盈，有迷人的笑容。相对于5岁的年纪而言，他很聪明，表达清晰，信心满满。在这么小的年纪他便显示出清晰的、对音乐的天赋。当他6岁时，也就是大概1981—1982年的时候，他在我的组别里（我当时是教学带头人）。他的父母非常令人愉快且取得了很高成就，他们就住在学校附近的一条路上。虽然他们发现了詹姆斯在音乐方面的才能，但是我猜想他们希望这孩子受到全面的教育，体育活动也包含在内。他们为詹姆斯报名了额外的拳击课程活动。这是一个一旦“报名”就需要付费的活动；父母决意预约至少一整年的指导。

拳击是男孩子间非常流行的活动，它曾被学校的前任所有者乔治·斯马特加入到课程里。在每年的大奖赛上，拳击项目都会收获很多银质奖杯。在体育课程缺乏的那个年代——由于我们在圣约翰伍德的中心，没有作为球场的场地，80年代早期拳击就成为仅有的体育活动，很多家长便为他们的儿子选择了它。

拳击教练是个名叫彼得·李的男人，我想他在70年代就在学校做兼职了。他来自肯特郡的马盖特地区。他是个体格强健的人，但不是很高，那时大概也有40多岁了。对我而言他看起来都很“老”！1981年，新的体育馆开放了，彼得也如鱼得水。他表示要把他的一生奉献给男孩俱乐部，我还清晰地记得他吹嘘自己与杰基·帕洛[1]的交情，我猜那应该是个著名的摔跤手。

我的小学里很少一部分我教导的男孩被送去彼得·李那里学拳击，我确实记得一开始的时候他们中的一部分看起来是很享受这项运动的，詹姆斯也是如此。然而，在参加活动后相当短一段时间之后，我发现了詹姆斯举止上的变化。他变得沉默寡言而且看起来失去了活力。参加拳击运动的男孩们会在他们的教室里换上白色短裤和彩色的T恤校服，我会陪同他们去体育馆，再在40分钟后接他们。

我清晰地察觉到詹姆斯变得不愿参加活动了。他会花很长的时间换衣服，这往往造成小组其他成员在旁等待。我记得很清楚他请求我和他一起待在体育馆里。而我没有那么做。我以为他是变得有一点儿懦弱了。然而，每次拳击课的日子——两周一次，詹姆斯都会故伎重施，这让我意识到他是真的不想去那儿。于是有很多次我确实都陪着他。我讨厌这一切。这些年纪很小的孩子们被积极地鼓励变得很具攻击性。詹姆斯是个消瘦的小个子男孩，很明显，他感到十分不适。我想那时李先生要求詹姆斯留下来帮助他整理器材，是想让这孩子感觉特别一些。我带着小组

1 杰基·帕洛（Jackie Pallo，1926—2006），英国职业摔跤手，是20世纪六七十年代的电视摔跤明星。

其他孩子回去换衣服，一直是詹姆斯，不得不跟随着李先生，帮助他收拾。这事在我眼皮底下发生了很多次。这发生在25年前，早在《儿童保护法》成为一桩热点问题之前，但是当时有同事之间存在互相信任的问题，而孩子与成人独处也不是问题。

某天，詹姆斯在和彼得·李相处后回到教室换衣服，他一脸血污。我问他发生了什么，他突然大哭起来，我便径直去体育馆问询李。他告诉我詹姆斯跌倒了。我当时并不相信他，我怀疑这个男人在某种程度上对詹姆斯实施了暴力。第二天，我向我的同事提出了我的担心，他负责照管高年级。我说了詹姆斯个性的改变，看起来他对参加拳击活动有所抗拒，我担心李在某种程度上吓到了这个孩子。他说我反应过度了，而这位小罗兹需要做的是坚强起来。

我无法很清楚地记得詹姆斯持续这项活动有多长时间，但是我确切记得他不止一次地恳求我不要把他送去体育馆。我也记得自己解释，因为他的家长选择了这项付费的活动，没有家长的许可我不能不把他送去。我与詹姆斯的妈妈也谈过此事，她也发现詹姆斯确实有点儿不再是“他自己”了，在家也变得十分孤僻。她是个可爱的女人，十分爱自己的两个儿子，但是我不记得詹姆斯的拳击活动被取消过。一周又一周，我坐在那个体育馆里。我以为我是在保护他。某天在帮助李先生整理之后回到教室时，他腿上有血。我问他怎么回事，但他一言不发，只是无声地哭泣。后来我送他回家，我们一起弹了钢琴。

7月的时候詹姆斯不再归我照管，进入了高年级。他不再有我保护了。男孩在超过7岁还需要老师妈妈般的照料会遭人白眼。随着时间的推移，我看到这个一度快乐、有信心的孩子变得越来越灰暗。他非常不开心，他并没有坚持在这里待到13岁，而是在9岁或是10岁就离开去了另一所学校。我在高年级部的同事说他非常不愉快——这是他离开的原因。

我再次见到詹姆斯的时候他17岁，就读于哈罗公学，正参加一场钢琴比赛。我的教子也在同一场比赛中。詹姆斯让我感到是个有很大麻烦的年轻人。后来我听说他曾多少经历过崩溃。我最近读到在《星期天泰晤士报》上的一篇文章，说詹姆斯现在成了一位音乐会钢琴家。我读到他在采访中提到在自己小学里遭受一位老师严重虐待，深感惊骇。

这事情回想起来让我觉得恶心。意识到詹姆斯经历过的地狱般的悲惨境遇，我被内疚彻底击垮。我认为他受到了伤害，我曾试图保护他，不被我所以为的身体攻击所害。我天真到从未想过和性有关的事情正在进行。我再次与詹姆斯取得了联系。他证实了存在性虐待的问题，问起我那位把他伤害得如此深的老师的名字。我告诉了他。

令人悲伤的是，回想起来，詹姆斯可能还不是唯一的受害者。有很多孩子对李感到害怕，正因如此，那年年底，我禁止所有我负责的低年级孩子参加他的拳击课。我那时被我的男同事们认为是个对孩子过度保护的女性。感谢上帝我是这样的人。

我对詹姆斯曾在这么长时间里遭受如此深的伤害深感痛心。我对他经历这一切却走了出来而感到无限的骄傲。他理应得到生命中所有的成功和快乐。伤痕和深刻的创口有时会让我们更加强大。

我写下这些是因为我感到我必须去报案。李可能还活着。他可能依然与孩子纠缠不清，那些孩子甚至会是他自己的孙辈。我认为对年轻人而言他是个危险。我身为英国国教会的牧师兼监狱牧师，我看到严重的虐待对年轻人生活产生的巨大影响。愿上帝成为法官，审判那些毁灭了别人生活的人。

雪尔·汉特

你们看到了。这就是我自己的搏击俱乐部。像泰勒·德登[1]教育我们的，搏击俱乐部的第一条原则——我们从不谈论搏击俱乐部。而我确实这么做了，差不多有30年时间。但是现在我不再沉默。因为——去你妈的，如果你是那些认为我不应该提起这事的人。

---

1 泰勒·德登（Tyler Duerden），1999年大卫·芬奇导演，改编自查克·帕拉尼克（Charles Michael “Chuck” Palahniuk，1962— ）同名小说的电影《搏击俱乐部》中的主角，由布拉德·皮特扮演。

以上口供中还有需要解释的。有很多关于虐待的影射，而不是真实的情况。虐待。呵，这个词。“强奸”才对。你叫一个交通管理员滚开，那叫虐待。“虐待”不是当一个40岁的男人把他的鸡巴硬塞到一个6岁男孩的屁股里时该用的词。这根本与虐待相去十万八千里。这就是侵略性的强奸。它导致了多次手术、疤痕（内里和外面）、痉挛、强迫症、抑郁症、自杀构想、剧烈的自残行为、酗酒、药物上瘾、性障碍、性别困惑（“你看起来像个女孩子，你确定你不是吗？”）、性取向困惑、偏执、多疑、谎言癖、摄食障碍、创伤后压力综合征、分离性身份识别障碍（对人格分裂症更好听一些的称呼），等等，等等。

我几乎一夜之间，从一个舞蹈着、旋转着、咯咯笑着的、生机勃勃的孩子，一个享受着新学校的安全和各种激动人心的活动的孩子，变成了一个封闭的、被施溺刑一般、熄了灯的机器人。这一切直接而可怕，就像愉快地走在阳光小道上，然而窨井盖突然打开你跌了下去，掉进冰冷冰冷的湖里。

你想知道如何把一个孩子从孩子的状态中撕裂开来吗？操他。

反复操他。揍他。压倒他，把东西塞进他身体里。对他下一种只能在他幼小的心智中成为真实的判断——在他逻辑、理性都没有成型的时候，这会掌控住他，成为他完整、无可争议的一部分。

我的妈妈，保佑她——并没有注意到什么，也不想注意到有什么不对劲的地方。我并不责怪她。她是个年轻、纯真的母亲，被生活击垮，不顾一切地想把她的事情处理好，作为一个不服用安眠药的失眠症患者，她还有一整个家庭要照顾，而且根本就没有规章手册可以遵循。她所能做的也就是早上起来，在晚上11点前尽量不倒下。她过去、现在都一样非常的用心，宽宏大量，是个慈爱的女人，在出现最可怕的情况时，以她最好的方式，也是她唯一知道的方式面对了。

我不会详述性方面的细节。由于很多原因。可能你们中的一些人会用它作幻想；你们中的一些人读到它时可能会判定我在那时犯了大错（偶尔）；你们中的另一些看到这些会觉得恶心并义愤填膺。但是我不想谈细节的最重要原因是：如果这么做，我想我就不再能从另一面理解这事了，尤其是如果你非常想愉悦一下，恶心一下，或是做点审判，你大可以去买一份《每日邮报》，这要来得更便宜快捷，对我来说也更少一点儿创伤。

分享这些困难又有毒的文字的意图，简单来说就在于：那第一次在紧锁的体育馆储物间里发生的事件，不可逆转地、永久地改变了我。从那一刻起，我最真实、珍贵的那一部分确凿无疑、令人厌恶地变了。

第三曲

舒伯特，《降E大调钢琴三重奏第二号》，第二乐章

三重奏：阿什肯纳齐、祖克曼、哈雷尔[1]

1828年，在以32岁的年纪去世前的几个月时间里，舒伯特完成了一首50分钟长的三重奏，是为钢琴、小提琴和大提琴而作的。他将自己一段短暂、悲惨、支离破碎的生活作为音乐的线索，把仅有的与之相应的对位法供奉给了自己的不幸。舒伯特经常性破产，得靠朋友才能吃上饭，四处借宿、借钱。他的爱情也不愉快，他的身材矮小，长得难看，还常对无论是真实还是无中生有的轻蔑有过度的反应，这些都于他毫无益处。然而，尽管是个不断行走讲话的"惨剧现场"，他却相当多产——他在18岁那一年就写了超过两万小节的音乐，他写

1 弗拉基米尔·阿什肯纳齐（Vladimir Ashkenazy，1937— ）、平夏斯·祖克曼（Pinchas Zuckerman，1948— ）、林恩·哈雷尔（Lynn Harell，1944— ）分别为此三重奏中的钢琴、小提琴和大提琴演奏家。

了九部交响曲（贝多芬到31岁才写了一部交响曲），超过600首艺术歌曲，21首钢琴奏鸣曲和不可计数的室内乐作品。

他大部分的作品在他去世前都没被演奏过，但这首三重奏是个例外。室内乐在私人住所里演出，相比管弦乐队作品，演出要简单很多。一些维也纳的私人住所会定期举办“舒伯特同好会”（Schubertiades）——一种非正式的演奏他的作品的夜间音乐会，还配有诗歌朗读和舞蹈。1828年，这首三重奏在某个夜晚首次演出（用于庆祝某位朋友的订婚）。慢乐章完美地概括了一段短暂的生命——葬礼和阴暗、无色的希望，还有对无限天赋潜能的洞悉。

他是继莫扎特之后唯一一位不用在乐谱上标记就能在自己的脑子里构思、写作整个作品的作曲家。这是一个如此压抑的人生的配乐，他在学生时代起先是受训成为律师的。

这是一记有力的提示，告诉我们是多么早地就错失了他，在他年仅31岁时。

恼人的梅毒。[1]

1 舒伯特从大约25岁起就开始与梅毒做斗争，有人对他的死因提出过异议（包括伤寒、汞中毒），但并没有足够的证据来证明最终的诊断。然而罹患梅毒的事实确实让他在创作的旺盛时期受到精神创伤，且梅毒依然是最有可能的死因。

对我而言更有趣的不是我如何忍受、消化这事情，而是强奸对一个人的打击。它就像一个永远存在的污点。每一天都有上千种对这事的提示。每当我大便的时候，看电视的时候，看到小孩的时候，哭的时候，瞥见报纸的时候，听到新闻的时候，看电影的时候，被触碰的时候，性交的时候，手淫的时候，喝下过热的东西或是吞咽太大一口液体的时候，咳嗽或是噎着的时候。

高度警觉是创伤后压力综合征的怪异症状之一。每次我听到巨大的噪声、打喷嚏声、巨响、尖叫、哭声、汽车鸣笛，以及那些突然发生的事儿，比如被碰一下肩膀，一个手机提示声，我都感觉会从自己的躯壳里蹦出来。这是无意识的、不可控的，一点儿都不搞笑，且让人立马抓狂。要是在听古典乐时音量突如其来地变了，会尤其糟糕（如果你在地铁上碰到某个穿着有点邋遢的人戴着耳机，每隔几分钟就从他的座位上蹦起来，请与他打招呼）。

也会有痉挛。短暂的抽搐和不那么短暂的抽搐在性虐开始时就与我相随。眼睑痉挛，声带痉挛，不由自主地发出嘀嘀咕咕的声音，一直要持续到它们自然停下。并且，伴随着强迫症/图雷特氏综合征的幻象，事情都要以一种特定的方式处理，拍子必须准确无误地在墙上或是腿上打出来，灯光必须按到规定的次数开关，等等。

当我在舞台上演奏时一切就变得危险了；如果我左手的部分弹奏到钢琴上的那些键，我的右手也要跟随着复制同样的动作。没办法。而且必须迅速。这些并不是我在努力记住贝多芬奏鸣曲中3万个音符的时候，特意去念及和有意谋划的事情。当我演奏的时候我还需要在某些时候闻我的某只手（一大挑战）。我尝试（然而失败了）以“艺术性”的理由来忽视这一切，让别人不注意到。我会再弹得响一点，响到发出吱吱声之前，让听众听不出我的小动作。我会在半空中，改变我花几百小时记住的指法，使得我的手能向内翻转，刮擦琴键的边缘，使这奇怪的欲念得到满足。以及——请上帝千万不要让我看到琴键上的毛发，否则我得在演奏中找个空隙把它弄掉，这样一切就干净了。真是有太多念想了，而且完全超出我的掌控。而当它影响了我的演奏，我也找不出满意的解释堵住评论家的嘴。

神经的抽搐就更阴险了。想法本身并不能停止，不然真的会发生糟糕的事情。所以当我处于一个状态中，想着一些糟糕的事，比如我的女朋友和其他男人打情骂俏，或是其他让我感到受伤的事情（它们是同一主题的变形），思绪必须进行得彻底直到我满意为止。所以当善意的心理医生告诉我要分神，要停止这念头，我只是笑，并且想着："这不可能的啦，你还真得为此谢谢我呢。如果我这么做了你就要为此付出代价，一系列悲剧会降临到你头上，你会丢掉工作和丈夫，破产又残废，需要去请心理医生给自己看病，又没钱付诊疗费，所以你会孤独、身份卑贱、悲惨、恐惧地死掉。不客气。"

接着才是真正叫人难堪的事。比如我每次哭的时候都会勃起。不知怎的，我的身体就会记得一切，把眼泪和性侵联系起来。从前在他给我口交的时候我会哭。生理终归是生理，我的鸡巴自会完成它的工作，硬起来。所以如今当我哭的时候它想着："哦，我记得这招！我们爽起来吧！"

性也是一个绝佳的例子。对性高潮呼天抢地、纪念碑式的耻辱感。做爱的时候画面从你闭合的眼皮上飞过，强迫你摇晃自己的脑袋，使它们消失。即刻便会出现关于这里那里曾被触碰过的提示，以及过去这些触碰曾意味着什么，现在也一定意味着些什么。不懈坚持地、达到内心层面地、冥顽不灵地坚信着你的女朋友、妻子、未婚妻是莫名地被玷污的、破败的、令人恶心和邪恶的，因为她在少年时期就尝试性爱。无论这想法听来是多么可笑、愚昧和不合逻辑。我很早就有性生活。这很糟糕。我很糟糕。你很早有性生活所以你很糟糕。所以我们不能在一起，我不会尊重你。你真是令人恶心。嫁给我。我爱你。你这邪恶的妓女。在我身上，在那，有一张霍尔马克贺卡[1]（时刻提醒着我的遭遇）。

还有过一些童年的性幻想，比如成为核浩劫的唯一幸存者，比如在街上游荡时把女人们从车里拉出来做不可告人的事情，在想到受到压制并不得不祈求自己能活命的时候勃起，招待一群怪人和奇妙的性变态一道参与性虐待、操控，天晓得还有些什么。这些都发生在我9岁前。

还有愤怒的闪回。对整个世界一切事物腐蚀性的、消耗一切的愤怒。对那些天杀的幸福家庭愤怒，还有对破碎的家庭愤怒，也对家庭、性爱、成功、失败、疾病、儿童、怀孕的女人、警察、医生、律师、老师、学校、医院、心理医生、门锁、体操垫、当局、药品、节欲、朋友、敌人、抽烟、不抽烟，对所有事物、所有人，永远地感到愤怒。

我最最愤怒的是，我确确实实地知道自己不能让发生过的事情完全消失。这是那种脸上有可怕的墨水污点一般的存在，孩子们会盯着它看，而成年人会把视线移向别处。它一直就在那里，现在和将来我做什么都抹不掉它。我可以尝试尽量让它成为“我的事（故）”，一个我变得特别的原因，一个即便我愿意行动却还是悄悄溜走的许可，一个哪怕在38岁的年

1　霍尔马克（Hallmark），美国最大的贺卡制造公司，创办于1910年。

纪也想成为痉挛的霍尔顿·考尔菲德[1]的许可。但是我一直知道，每天，我都对它无所适从，我无法装裱或拆卸它，无论怎么做我都无法让它变得能够忍受或是能够接受。

我们的心理有一个内在机制可以对此有所帮助，那便是分裂。也是性虐待造成的最严重和持续长时间的症状。这真是太有才了。它在这么多年前，在那所体育馆里就开始了。

他在我的身体里，这很伤人。在任何层面上这都是严重的打击。我知道这是不对的，不可能是对的。所以我离开我的身体，飘游在它之外，飘上天花板，直到从那里看下去这打击也已然太大，我就飞出房间，直接穿过紧闭着的门直向安全的境地。这感受莫以名状的辉煌。哪个小孩子不想会飞呢？飞的感觉无比超然、自由。这情况每次都会发生，我从来不质疑它。我感激这暂时的解脱、这经历、这得来不费功夫的快感。

从那时起，就像巴甫洛夫的狗，当有压倒性的感受、情境或是威胁，我就不再在那儿了。我真切地存在着，但只作为一个自动驾驶仪的功能而存在（我这么假设），并没有人清醒地存在于我的意识里。“灯亮着，但是没有人在家”是最好的描述。作为一个小孩子这并不妙，因为我完全不能控制这一

1　霍尔顿·考尔菲德（Holden Caulfield），美国作家J. D. 塞林格（Jerome David Salinger，1919—2010）1951年发表的长篇小说《麦田里的守望者》中的主角。

切，它经常发生，这意味着我被评价为昏昏沉沉，难以接触，傻不啦叽，不太正常。我会在浑浑噩噩里徘徊，消失很长时间。我会被叫去商店给我妈妈捎带些什么而几个小时后都没回家。那时，我会对自己造成的紧张和担心感到惊讶——时间看起来就像是消失了，我最终会和一个不知是谁的陌生人闲逛，或是去到某个我没想过会去的地方。

或是，假设今天我要与我最好的朋友讨论他对圣诞节的具体安排，然后，五分钟后我又会问道：“你圣诞节有什么计划？”和小伙伴聊起的那些琐事在任何意义上都没有威胁到我，但分裂已经如此内在，成为我的一部分，因而我时而“失踪”，并且浑然不觉——哪怕一丝一毫威胁的苗头都还没显露。就像我发现可能得在圣诞节探访友人，而那时仅仅是11月，我可能会忙死在节日期间，因为我更希望一个人安全地待着。

因此，我生命中的重要时刻消失了。我看着我的护照知道我曾经去过一些地方。我与那些声称认识我的人见面——有时他们很了解我；我去到酒店，被欢迎“回来”；告诉别人一些事情时，被温和地告知我已经说过了或是此事发生时他们和我在一起，然后就没有然后了……我完全摸不着头脑。

好的一方面是，这意味着我可以反复地看同样的电影和电视节目而毫不知情；而不好的一面是我给人以粗鲁、没有顾忌、有点儿傻帽的印象。真他妈的恼人——我经常会花好几分钟才想出来我早饭吃了什么，为什么我出了门，今天是哪年哪月哪天。

而最奇怪的事情却是我可以记得住在钢琴独奏会上那些超过10万个的音符。更神奇的是在钢琴前，是我极少数可以真正感到踏实的地方。

我从记事起就是这样了。在我的孩童时期，分裂是可以茫然掌握这世界的唯一方式。如果你不记得，你就不会被过去恐吓。我们的心智真是太伟大了——它被设计去处理任何和所有可能发生的事，直到它们过载而裂成两瓣。然而，即便那时也时常会存有某种能让它回归到近乎工作状态的方法。我的密友对此是知情的，所以他们不会因为我在45秒钟后问一个同样的问题，或是对几个月或是几年前我们一同度过的假期毫无印象而感到心烦。这正是为什么他们能成为我密友，这也是他们能用十个手指就数得过来的原因。

第四曲

巴赫－布索尼，《恰空》[1]

钢琴：詹姆斯·罗兹

（闭嘴，我可是很自豪的）

巴赫的很多作品是六个一组的——六首键盘帕蒂塔[2]，六首小提琴、大提琴组曲，六首《勃兰登堡协奏曲》……其他还有很多。音乐家就是这么怪怪的。

有首巴赫作于1720年前后的作品被耶胡迪·梅纽因[3]描述为“拥有为小提琴而作的最伟大的音乐结构”。我想就此更进一步。如果歌德关于建筑是凝固的音乐（多好的句子！）是正

---

1 恰空（Chaconne）是一种在巴洛克时期（1600—1750）流行的固定低音变奏的曲式，起源于16世纪的西班牙及其殖民地的舞曲。

2 巴赫和他在莱比锡的圣托马斯合唱团（St. Thomas Choir of Leipzig）的前任约翰·库瑙（Johann Kuhnau，1660—1722）使用“帕蒂塔”（Partita）一词，适用于一组音乐作品，与舞曲组曲的概念相近。

3 耶胡迪·梅纽因（Yehudi Menuhin，1916—1999），美国犹太裔小提琴家，被认为是20世纪最重要的小提琴家之一。

确的，那么这首作品就是泰姬陵、卢浮宫和圣保罗座大教堂的完美组合。这是巴赫第二部（六组中的第二部——当然了）小提琴帕蒂塔中最后一个篇章，也是最长的一段。它是一组在同一个主题上的变奏曲（64个变奏，我数过），拖拽着我们经历人类已知的每种情绪，以及额外的一些惊喜。在这里，这种惊喜是爱以及随之而来的疯狂、威严和狂躁。

对此，勃拉姆斯在一封写给舒曼太太的信中说得最到位：“在一页五线谱中，用一件小小的乐器，这个人写下了一整个世界，它满是最深刻的思考和最具力量的感受。如果我可以创造，哪怕是懂得它，我很确定那满溢的兴奋和撼天动地的经历能让我发狂。”

性虐待持续了近乎五年。当我10岁离开那所学校的时候我已经转型成詹姆斯2.0。一个机器人版本。能充当起本人的角色，假装出同情心，面对问题奉上合适的回答（大多数时候）。但是我感觉虚无，对于“好的期待”（我最喜爱的对“快乐”的定义）没有什么概念，因为一堆糟糕的感受被存为了原厂设置，我成了一个小小的迷你版精神病患者。

但是在此期间曾发生过一些事，我坚信是它们拯救了我的生命。至今我依然这么认为，而且只要我还活着这想法都会持续下去。

在我生命里只有两件事情是确凿无疑的——我对我儿子的爱，以及我对音乐的爱。而——配上《X音素》[1]中那些摧枯拉朽故事的小提琴声——音乐是我7岁时来到的。

特别是古典音乐。

更具体一点，是约翰·塞巴斯蒂安·巴赫。

如果你希望知道得更详细——是他为独奏小提琴而作的恰空。

D小调。

BWV 1004。[2]

钢琴版本是由布索尼[3]改编的。费鲁乔·丹特·米凯兰杰利·本韦努托·布索尼。

我可以继续说下去。日期，录音版本，精确到秒的长度，CD封面，等等。难怪古典音乐是要完蛋。一首单独的曲子被好几十条关于作品的额外信息依附着，上面的内容对任何人都不重要，除了会读一读这个的我和其他四个钢琴占卜师。

---

1 《X音素》(*X Factor*)，一个最初举办于英国的真人选秀节目，其中也会有选手讲述自己那些令人潸然泪下的故事的环节，以小提琴声开场。

2 BWV，巴赫的作品编号，是“巴赫作品目录”(Bach Werke Verzeichnis)的缩写。

3 费鲁乔·布索尼(Ferruccio Dante Michelangiolo Benvenuto Busoni，1866—1924)，意大利作曲家和钢琴家。

重点是：每个人心中都有一点戴安娜王妃的片断。一些难以忘怀的事情会对一个人的生活产生重要影响。对一些人来说这难忘的事会是第一次性爱（我的第一次是18岁时，和一名叫桑迪的妓女，澳大利亚人，非常和善，允许我看着黄片，我们在贝克街附近的一处地下寓所里进行的，我付了40英镑）。而对于另外一些人来说则是父母去世，新工作的开始，孩子的出世。

对我来说这样的事情目前为止有四件。以时间的倒序是这样的：遇见哈蒂，我儿子的出生，布索尼改编的巴赫的恰空，初次被强奸。其中三项都很棒。以平均水平来看，四项里有三项是极好的，那就不错了。

我会接受这个结果。

一些关于巴赫的事情需要澄清。

如果有谁真的想起了巴赫（而他们为什么要想起呢？），他们很可能在脑海中想起的是一个老家伙，胖乎乎，阴沉着脸，戴着顶假发，严厉、枯燥，一点儿都不浪漫，看起来极需做爱。他的音乐过时，无关痛痒，无聊，肤浅，并且就像那些在孚日广场和摄政公园[1]的美丽建筑一样，它们属于其他人。

1　孚日广场（Place des Vosges），位于法国巴黎的第三和第四区，是巴黎最古老的广场。摄政公园（Regent's Park），位于英国伦敦市中心的西北端，是伦敦市中心的第二大公园。

他应该永远被限定在雪茄广告、牙医的候诊室和那些八九十岁的威格莫尔音乐厅[1]听众里。

巴赫的故事非同寻常。

4岁时他最亲近的手足去世了。9岁时他母亲去世了，10岁时他父亲去世，因而他成了孤儿。他被送去与一个同他格格不入的兄长一起生活，他不把巴赫当人看，而且不允许他关注他所热爱的音乐。他在学校受到长期欺凌，因此他在学校有一半的时候都会旷课，以避免例行殴打和其他更糟的事。他步行好几英里，去他当时知道的最好的音乐学校学习。他坠入爱河，结婚，有20个孩子。其中11个孩子死在襁褓中，或是死于生产。他的妻子死去。他被死亡环绕、吞噬。

在他认识的所有人都死了的时候，他为教廷和宫廷作曲，教授管风琴，指挥合唱团，为自己写作，教授作曲，演奏管风琴，为礼拜仪式服务，教授羽管键琴，基本上在工作中趋于癫狂。他写了超过3000部作品（很多都遗失了），其中的大多数在300年后的今天依然被演奏着，被聆听着，被全世界膜

1 威格莫尔音乐厅（Wigmore Hall），位于伦敦市中心，邻近BBC广播中心，是特别为室内乐和歌曲表演而建造的音乐厅，由钢琴制造商贝希斯坦（C. Bechstein）建造于19世纪末20世纪初，拥有近乎完美的音响效果。威格莫尔音乐厅每星期在BBC电台三套广播一场现场音乐会，以吸引全世界听众。

拜着。他没有十二步项目[1]、心理医生或是抗抑郁药。他不发牢骚、不抱怨，也没有喝着嘉士伯特酿啤酒看白天的电视节目。

他与这一切友好相处，并且以他所能做到的最好也是最有创意的方式生活。不是为了炫耀和荣耀，而是，以他的话来说，“为了荣耀上帝”。

这就是我们面对的人。浸透在悲痛中，从童年的疾病、贫困、虐待和死亡阴影中出头，一个酗酒、爱吵架、搞出了一堆小孩的工作狂居家男，依然能有时间宽和对待学生，还掉欠款并留下超乎了几乎所有人理解的遗产。贝多芬曾说巴赫是永远的和声之神。甚至尼娜·西蒙[2]也承认是巴赫使她决定将自己的一生献给音乐。但这并没有在她应对海洛因和药物上瘾上有所帮助，呜呼悲哉。

显然他的情感不会正常。他以一种可怕、强迫症的方式痴迷于数字和数学。他使用字母作为一种基本代码，每个字母与一个数字相对应（A B C = 1 2 3，等等）。他的名字，BACH：B=2，A=1，C=3，H=8。把它们加起来我们得到14。把14倒转过来我们得到41。而14和41出现在他几乎所有时期的作品

1 十二步项目（Twelve-step Program），由一个酒精滥用者匿名互助会（AA）发起，开始于1939年。原理在于通过一套规定指导原则的行为课程来挽回或治疗上瘾、强迫症，和其他行为习惯问题。

2 尼娜·西蒙（Nina Simone，1933—2003），美国优秀的爵士女歌手（尽管她本人并不喜欢被这样归类）。

中——小节数，一个乐段中音符的数量，这成为隐藏在他作品中的关键音乐记号。这可能是让他感到安全的奇怪方式，这些伴随着灯光闪烁、数数和无意识敲打的折磨让人感到安全——当被正确执行的时候。

巴赫12岁时会在所有人睡着的时候溜到楼下，偷出一份他的白痴哥哥不允许他看的手稿，抄下来，把原版小心翼翼地藏起来，抄完了再放回去，之后才回到床上，在6点起床上学前只睡很少的几小时。他这么做了六个月，直到他抄下了所有乐谱，以供学习、钻研和进入。

他是如此热爱和声，当他手指不够用的时候他会在嘴里塞上一根木棒，在琴键上堆加出额外的音符，来达到他想要的效果。

总会有办法。

回到恰空。当他的第一任妻子，他的一生挚爱离世时，他以她的名义写了一部作品。[1]这是一部为独奏小提琴而作的作品，也是他为这个乐器所作的六部帕蒂塔中的一部。但这不仅仅是一部音乐作品。这简直是以她的名义而建造的大教堂。这是情歌版的埃菲尔铁塔。而这首帕蒂塔的最高成就就是它的最后一个部分，恰空。长达15分钟山崩地裂地陷落于伤心欲

---

1 《恰空》作为巴赫哀悼妻子的作品这一说法是存在争议的。

绝的D小调主音。

设想一下当你知道某位爱人将要死亡，你会对对方倾诉的一切，甚至是那些你无法用语言表达的事情。想象蒸馏那些字词、感受、情绪到小提琴的四根弦上，并将它们灌注进纠结紧绷的15分钟里。想象找到一个方式构造我们所处的由爱和忧伤填满的整个宇宙，将它转换成音乐的形式，把它们写下来，交给世界。这就是巴赫做的，重复上千次。每天，光这一点就足够让我相信，这世上存在比我心中的恶魔更悠长、更美好的事。

嬉皮到此为止。

小时候我在家里找到一盒磁带。上面就是这首作品的现场录音。现场录音总是明显地好过录音棚录音。它们仿佛带电，有危险的意味，有永远只有你这个听者体会到的、攫住你的战栗一刻。当然末尾的掌声会让我有点儿气恼，因为我会奚落这些东西——认同、奖励、赞美、自负。

我在我要装电池的老式索尼机上听这盒卡带（带自动倒带功能——你记得它带来的近乎魔法的愉悦感吧？）。立马，我就又游离了。这回并不是飞到天花板，离开那些发生在我身上的疼痛，而是深深地进入我自己的内心。我感到像是从刺骨的寒冷爬入一条极其温暖、叫人昏昏欲睡的、舒适的羽绒被，身下则是一床由NASA设计的价值3000镑的床垫。我从来、从来没有经历过这样的事情。

这是首阴暗的作品；它的开头听起来显然十分严酷，有点儿像葬礼合唱，包含着庄严、哀伤和隐退的伤害。一个又一个的变奏曲建构着，又退去；扩展着，又退缩回它本身。就像一个音乐的黑洞，使人类困惑。有些变奏是大调的，一些则落在小调上。有些变奏醒目而激进，有些退缩而倦怠。它们也会转而变得英勇，或是绝望、欢乐，或是如愿以偿，或是垂头丧气。它让时间停滞，加速，逆流。我不知道这他妈的是怎么了，我简直就动弹不得了。就像在嗑K粉的时候被德伦·布朗[1]催眠又弹指敲醒。它触及了我的内心，让我现在想起的是读到洛丽塔告诉亨伯特自己内心的一部分已被他撕碎的那一行；我内心也有一些被撕裂而它将之修补了。我毫不费力地立马意识到这一点。并且我知道，就像我会为了我儿子走向飞驰的大巴车那样，这就是我生命的要素。音乐，以及更多的音乐。这终将是致力于音乐和钢琴的人生。我毫不犹豫且满心欢喜地抛弃了令人存疑的拥有一切选择的权利。

我知道这事听上去很陈词滥调，但这个作品成为我的舒适区。每当我感觉焦虑（在我醒着的任何时候），它就会来来

1 德伦·布朗（Derren Brown，1971— ），英国心理学研究者和魔术师，他因在英国电视第四频道的通灵魔术真人秀节目而一炮走红。他也是作者的好友。

回回出现在我脑海里。它的节拍响起，声音奏起，被改变、探索和试验。我纵身跳入就像它是某种音乐迷宫，我在其中漫游并愉快地迷失。它撑起了我的生活，如果没有它我早就死了，这一点我毫不怀疑。但这部作品，以及其他音乐引导我去发现，像是力场，只有最具毒性和最残暴的痛苦才能将其穿透。

想象这种救助的力量吧。

那时我已经找到从那所有强奸阴影的学校退学的策略，申请了一大堆地方学校。但是某种意义上我也成了古典音乐超人——我10岁去寄宿学校的时候，钢琴已然成为我不可见但不可战胜的披风。

这有点像跳出煎锅，又被放到工业绞肉机里，因为我是一个奇怪的孩子，那些抽搐、尿床和恍惚就都很怪异。我在去那儿的路上就不停地呕吐，开始几天实在太恐惧，我没和任何人讲话，在炮弹休克症中徘徊不定，就像一个听力受损、脑内依然回响着轰鸣声的爆炸幸存者那样。

我也是这所学校唯一的犹太人。他们真是从没见过犹太人。我就像个科学实验的对象——孩子们就这么戳我、碰我，看看我是不是“感觉不一样”。而他们之所以知道我是犹太人，是因为那个傻帽校长在某个早上集合的时候向全校宣布我要离开一天庆祝犹太新年，恰逢我到学校第一个学期中的第一个月。

但这没关系。真的没关系。因为和另外一些事比起来这完全无关紧要。定期挨揍，为了玛氏巧克力而给年长的男生（和教职员工）口交（我那时比较单纯——钱什么都不是，而糖意味着一切），虐待动物（水螈、苍蝇，在我的记忆里没有比这些更大的，所以动物爱好者们不必感到恶心），躲藏，花无数个小时待在上锁的厕所隔间里，不是在流着血拉屎，就是在性交口交。我投身于年长男人和男孩中，做他们要求的任何事情，因为——你就是干这个的。这就像与人握手意味着“你好”，将自己献给那些变态混蛋因为你认出了“那种”眼神（恋童癖——千万别认为对那些经历过这些的人而言你能隐没于众人），这是完全平常和在预料之中的。我10岁的时候因为想要冰激凌而带了一个40岁的家伙（他还带着家人在身边）去厕所给他口交。直至今日我依然无法把这种行为归罪为虐待，因为是我选择了它。是我点头向他示意。是我带路。是我想要冰激凌。

但如今我有音乐了。所以这没太大关系。因为我找到了一切都好的最终证明。在这个恐怖操蛋的世界里只属于我的东西，不必与人分享或是向谁解释。其他一切都做不到，除了音乐。

那学校里有一些练习室，里面有些老旧的、饱受敲打的立式钢琴。这就是我的救赎。每到有空的时候我就在琴边忘乎所以，摇头晃脑，力图把所有声音拼凑成章。我会尽早去吃早餐，赶在所有人之前，因为到这阶段任何形式的社会交往都太令人惊慌且充满危险，和着糖吞下麦片，做回我自己，避免一切接触，再以最快速度冲向钢琴。

但我弹得很渣。并不只是说说而已，是真的糟糕透顶。看着YouTube上数千名亚洲小孩子中的任何一个把贝多芬敲得像模像样，再想象他们只有三根短壮的手指，还有一颗安在患阿尔茨海默症的中风病人身上的糊涂脑袋，就接近我那时的水平了。在音乐会前的CD签售会上有家长推着他们的小孩给我看，让我告诉他们的小汤姆每天要练多久的琴才能通过考级，才能变得熟练，我真是笑惨了。我的回答通常都是："只要他愿意就可以。只要他微笑着享受它那就不要担心。只要他爱钢琴就没关系——他会找到办法的。"

我找到了办法。我学会了读谱——这并不困难，也是必不可少的第一步。但是当然，我对于如何练习和指法这类事毫无概念。用哪根手指去弹哪个键，毫无争议地是学习一首曲子最重要的一部分。要是做对了这一步那么你的任务就会轻松很多；要是做错了那么就是一场攻坚战，在日后的演奏中也无法有十足的胜算。实在有太多事需要考虑了。这里有个简单的例子：当你在弹主旋律周围的音符与和弦时，哪些手指的组合能让旋律听上去最清楚、最平滑、连接紧密且就像作曲家想要的？一些手指比另一些有力或是无力一些，所以不应该被用在某些地方；比方大拇指，力气最大，而且会让所有弹下的音符都听上去更响，比如比起第四指，所以这就是需要考虑的因素。第四和第五指之间的连接相对来说是很弱的（尤其是左手），所以当弹奏一些有音阶的段落的时候你就应该尝试从第三指移向小拇指弹奏，直接略过第四指，从而让它们听起来更平均。颤音（一种极快的二音转换，往往是一个音符倾向旁边另一个音符，造成颤抖、抖动的声音效果）在第二、三指之间最易弹奏，但是有时要弹颤音的同一只手正在弹奏和弦，所以你就需要在第四和第五指之间弹奏，令一切自然地流动起来。

不幸的是，生理角度最简单的指法组合并不一定总在音乐上有效（会使声音听上去起伏或是断开，不平均或是不均匀）。当两个音符之间的连接用手指无法做到（跳度太大或者只是手指不够用）时，你就要学会使用重量来使音符听起来完全连接，哪怕你并没有真正用到手指。必须不仅要对你正在弹奏的音符有意识，同时也要意识到与这个音符有关联的前一个音符和即将到来的那些音符，使用正确的指法是做到这一点最可靠的方式。

有时你可以用右手弹一些音符，这样可以比用左手弹轻松一些，反之亦然，哪怕这是和弦中的一个音符——但是这并不会标在乐谱中，所以你得逮住机会，在乐谱中标记出来，记住它，标好指法，确保旋律线依然是清晰的，你不需要过多地用上踏板（它能够延长并且/或是中止某个音符），你实际上还在演奏所有作曲家写下来的音符，音符的流淌平均而稳定，和弦的用力正确（同时弹奏五个音的时候，每个独立手指的重量和用力必然是有少许区别的），完美地判断、区分和执行速度与力量，音调（如何用手、手臂、手指的重量来调节你正在弹奏的和弦，使之听起来正如你想要的某种方式）不太匆忙或是柔和，手腕和胳膊不是太紧张，你处理的乐句间的呼吸是正确的，音量是斟酌过且正确的，等等。这是一个需要你用逻辑来破解的巨大数学谜团。但如果你一开始就不懂逻辑那就是在无的放矢了。

我所在的学校有个所谓的钢琴老师，他和我曾一起零星上过一些课，他也同样没什么概念。当然了——他是那种什么都干的音乐老师，只是恰好很粗浅地会弹一点儿钢琴，所以就成为那里的"钢琴老师"。他对指法、音调、呼吸或姿势的了解和我差不多。

而这一切都是技术性细节——从生理的角度，学习和演奏一首作品的方法。这甚至不涉及理解音乐或是如何记忆一首曲子。上帝啊，巴赫有时都不会特别注明使用哪种乐器，更别提其他一些标注，比如速度啊力度啊什么的。从莫扎特和贝多芬起一切变得更详细了一些，因为作曲家开始对这些做出指示，但即便如此它们也只是路标。对于一首作品而言，从来不会存在，也不可能存在两种一模一样的演奏，哪怕是同一个人弹了两遍。存在着无限的诠释可能，每个人对于“正确的方式”、什么是尊敬/亵渎作曲家、“有效”、“振奋人心”、“无聊透顶”、“深邃”的看法都不相同，完全是主观的。

那该从何记忆那些大概有10万之多的音符呢？哪怕是手机声音响起，晚到的人拖着脚进场，意外用错了指法完全搞砸了肌肉记忆，你也依旧要全然发挥稳定。一些人用在他们的头脑里使乐谱形象化，以咖啡印痕和铅笔记号完成记忆；另一些仰仗于肌肉记忆；还有一些则看乐谱演奏（这是非常有悖于独奏的规范，但如果真能实现一场伟大的表演，解放被压垮的神经，这也不算是什么坏事情）。对我而言最好的方式是以平常速度的十分之一，无声地弹奏这个作品。如果能通过这个测检，那就没什么可担心的了。如果一个演员排练一出庞大的、几小时长的独角戏，每个字之间停顿三秒——如果能做到，那么他在演出时便能彻底胜任。在小黑屋里用脑袋演奏作品，不动手指，远离钢琴，也是一种很好的方法。在我的脑海里看到键盘，我的手指弹奏着正确的乐音，这经验是非常宝贵的。

所以学钢琴是件疯狂的事情，因为它一度是一件既精确又不精确的科学；存在着精确、有效的方法来掌握基于身体的演奏技术（尽管这也取决于生理因素，比如体格大小、力量、手指跨度，等等），但也要用不精确的、超凡、难以界定的路径去寻找一曲作品的意义和表达。而要一个茫然迟钝的10岁小孩去理解这一切，完全仰仗于他自己那身心俱损的状态，效果如何就要大大地画个问号了。

我记得第一次学会了一首完整的曲子时，我感到格外彻底的愉快,充满成就感。那是理查德·克莱德曼[1]的《水边的阿狄丽娜》，这不重要（好吧，抱歉，公平地说这还是重要的），里面大概尽是错音，但这也不重要。重要的是从记忆中我学了点什么，还有就是我能够把它全程弹完了。所有的琶音听起来又快又激动人心，就像那些在录音带里的人弹的那样，还有就是天哪，这真是发生在我身上最好的事情了。我特别想弹着曲子给人听，但是并没有人理解、聆听、明白这意味着什么。尽管我要激动到爆炸了，却不得不保密，而这感受让这一刻变得更加特别。

我真是个适应能力超强的孩子。

有件事几乎能媲美我对钢琴的崇拜，那就是抽烟。该死

---

1 理查德·克莱德曼（Richard Clayderman，1953—　），法国钢琴演奏家。原名菲利普·帕杰斯（Philippe Pagès）。他大热的代表作《水边的阿狄丽娜》（*Ballade pour Adeline*）作于23岁，是献给自己刚出生的女儿的。此外，他也经常改编已有作品，比如好莱坞的歌曲、东西方的流行音乐和古典音乐、民谣等。

的烟。这是寰宇之内最好的发明。我这整本书可以看作一封写给烟草的情书。比我作为一个孩子，形影相吊地弹钢琴更重大的，那就是四处游荡，躲避整个世界，抽烟。这些圆柱体有最非凡的药性品质，能把一切我感到已经失去的重新给我。拿到它们比想象得要容易得多，特别是在1985年——友好的报刊经销人，年纪大一点儿的孩子，那些古怪（还很好色）的老师。丝卡香烟是我最好的朋友。

我审视自己今天的生活，意识到真正改变了的并没有多少——现在我改抽万宝路了，但香烟和钢琴依然是我生活中最中心的事情。它们是仅有的在未来不会也不可能辜负我的事情。哪怕有癌症的威胁，那也只会成为一个终于能看《绝命毒师》[1]全集的契机，还能饕餮掉一大堆药片。

关于抽烟这件事，他们没有告诉你的是它对沉闷的感觉有多好的效果。后来我发现好几所我待过的精神疾病疗养院都积极鼓励病患吸烟，这样会让护士们的工作轻松很多。对于精神疾患的人来说没有什么比一种感觉更让人恐惧了——无论好坏，它可以把我们的头脑搅得翻天覆地。失序，并不给出哪怕最模糊的线索指导我们如何去以明智和理性的方式对待它。

---

1 《绝命毒师》（*Breaking Bad*），由美国基本有线频道（AMC）原创制作的电视连续剧，故事主要讲述了人生陷入困境且被诊断出已罹患癌症晚期的高中化学老师与自己的学生携手制造“冰毒”，及其他经历的故事。

如果我不抽烟，我起码会有43次企图吊死自己。所以我抽烟。抓紧一切时间、机会地抽烟。偶尔有几次戒烟都是为了取悦别人——女孩，家庭，社会。从来没有成功过。我是谋划危机的大师，这让那些与我亲近的人准予我继续抽烟。如果有一把上了膛的枪（真实或是想象的都可以）和一包香烟在你面前让你选，一定要毫不犹豫地选香烟。我知道这事上不了台面，但是烟确实在我身上展现出了神迹。哪怕想到能够在一些未来的场合下抽烟——可能会是音乐会、派对、采访、酒店，这都会让我平静下来。剥夺了它（比方说在机场）我就会彻底完蛋。这就是为什么在飞向任何地方通过安检前，大多数时候我都会去抽最后一支烟，然后尽可能出去再抽一根的原因。这会让我被运输安全局的那些混蛋再骚扰一次，但我认为完全值得。对此我并不感到骄傲。我知道这让我看起来像个蠢材、奴隶、一无是处的瘾君子。我根本不介意。我就是蠢材、奴隶、瘾君子，而我永远会可怜巴巴地对大烟草商心怀感激。

所以在某种意义上，也有一些快乐的日子，有充分的、正面的事情抵消掉那些消极的，即便在那寄宿学校我也感到足够开心了。我进入恐怖的循环（威吓，咄咄逼人，不情愿的性爱，迷惘），然后接下去则是抽烟带来的平静，弹钢琴，听音乐。这让我想起这一定会像战士完成军事行动后，再度被派遣前会回到祖国几天。而这个循环在今天也继续着，并没有减弱：登上舞台的恐惧，与哈蒂亲密时的恐惧，看精神疾病专家的恐惧，与我的儿子在一起和伴随于此的感受，对我不能掌握的社交情境、状况的恐惧。在家的放松，与钢琴在一起，锁上门，烟灰缸，美国电视剧，独自一人，不被打断。独自一人的时光。这就是我的圣杯[1]。

---

1 圣杯（Holy Grail），传说中耶稣在最后的晚餐时使用的杯子，相传这个杯子具有某种神奇的能力，喝下其盛过的水能返老还童、死而复生并获得永生，是所有人寻觅的目标。

第五曲

贝多芬，《钢琴奏鸣曲第32号》，作品111，第二乐章

钢琴：加里克·奥尔森[1]

1770年，一个孩子在苦难、暴力、可怕的环境之中出生。他的家庭充斥着酗酒、暴力、虐待。一切是如此失控，以至于在16岁的时候他不得不把自己的父亲告上法庭，夺取对自己收入的控制权，这样家里人才能吃上饭。

到20多岁的时候，他独辟蹊径提起音乐的后颈，使它从古典主义迈向了浪漫主义时期，更关注情感、内在，推陈出新，长久坚定地保持着自己的信念，为未来的管弦乐队而创作，并且坚决无视外界对他的看法。

在彻底的耳聋、剧痛难忍、情绪糟糕的情况下，他却在

1 加里克·奥尔森（Garrick Ohlsson，1948— ），第一位获得肖邦国际大奖赛的美国钢琴家。

1822年创作了第32首钢琴奏鸣曲，也是他创作的最后一部钢琴奏鸣曲——就在他去世前几年。

它展示出他为钢琴这件乐器创作的音乐的最高峰。

这是一部两个乐章长的作品，不像通常的三个或是四个乐章，它的寓意在于超越人类存在的层面，引领我们去向更高的所在，在此，时间静止不动，而我们可以真正地体验到他所说的“内在性”的概念，以及他音乐中所呈示的内在的世界。这既不是为上帝也不是为教廷写的音乐。它关乎感受，关乎内在，关乎人性。e.e.卡明斯[1]写过：“在这样一个竭尽所能、夜以继日把你塑造成与别人一样的世界里，要想不做别人，只做自己，就意味着要打一场对任何人类而言最难打的战斗，而且这场战斗永不止息。”而贝多芬就这么天天度过他那该死的生活。

聊聊时间，因为它很重要。离开时间，空间没有任何意义。时间是缓冲。一个填充在事情发生之中的安全空间。说真的，对我来说没有比日记本里完全空白的一天更让我感到安慰的了：没有会议、晚餐、约见、与朋友喝咖啡、约会、音乐会。这让我认

1 e. e. 卡明斯（Edward Estlin Cummings，1894—1962），美国著名诗人。

识到我可以在家待一整天，有足够的时间做一切我想做的事。为什么我会愚蠢地提前赴约，在飞机起飞前五小时就到希斯罗机场，坚信十分钟的车程会需要一个小时。因为如果我留足了时间，那我就是安全的。花六个小时去做两个小时的练习也是如此。这样的事发生在我生活的每个领域。我录每张唱片的时候被要求用三四天的样子来进行录制，而我只需要一半时间；考试会在规定时间的一半之内就完成；最后期限被大踏步提前；家务活在原需时间的三分之一里就完成了。对于经商这是好事情，但对个人生活而言就不那么好了。约会对象不会想30秒内就被给到菜单并点好菜，在45分钟之后就用完晚膳。哪怕提早两个小时出发去一个就在街角的派对，他们也不想挨着一个经常处于崩溃边缘的人。这个人总是第一个出现，对这人说“六点见”，那他四点半就会单脚蹦来跳去，就像一只稍有点焦虑的猫鼬。

我被一万种不同形式的恐惧驱使着。怕被批评，怕时间不够，怕不够好，怕把事情做错，怕忘了什么事情，怕没办法关注可能要发生的事情，怕让别人失望。它会不断转换，焦虑恣意漂浮，无论做什么去缓解，它还是会轻易又迅速地附着到一些我甚至还没想到的事情上。就像是受大卫·林奇[1]启发的

1 大卫·林奇（David Lynch，1946— ），美国著名导演、编剧、制作人、演员。他的电影带有迷幻的超现实主义风格。

打鼹鼠游戏，你打下一个鼹鼠头，更多的鼹鼠跳出来围绕着你。它们还得意地嘲笑你，用最恶毒的话咒骂你，提醒你自己有多操蛋。

我带着它醒来。一直都是。

如果存在超级神经过敏的犹太母亲，嗑着可卡因，比邪恶还邪恶，彻头彻尾的歹毒，这就是我的这一部分意识。所以我把自己向那该死的钢琴抛过去，好像我的人生就依靠它了。我把自己扔向工作。我表面看起来和任何一个想把工作做到尽可能的好、不想让人失望的工作狂混账是相仿的。但是真实的情况是如果不这么做我就会死，我会去杀人，我会以最坏的方式崩溃。偶尔自我保护的强烈欲望使你看起来有正直的职业精神，这真是极其的幸运。恐惧化装成人性，外加对手边工作的承诺，足够蒙蔽所有人的眼睛。

而这就是我度过校园生活的方式。由恐惧驱动的作业，为了考试而惶惶地学习，尽可能地尝试让时间延长、增长，把一切密封，至少让我能有安全的幻想。我也是个聪明的孩子。在孩童时代被持续虐待的最大好处就是拥有能够解读情境、看穿心事和精神的能力。把我放在成人面前我会在短短几秒内知道说什么、做什么能让他们觉得我通情达理。这在老师身上尤其有效果——根据他们是哪类人，我可以是想家的、脆弱的、坚强的、大胆的、可爱的、卖弄风情的、贪得无厌的，或是独立自主的。而一切都会顺着我想要的来。考试的额外时间、更高的分数、额外的巧克力、体育课缺勤、零花钱，随便什么。重点是在10岁的时候我明白我可以在任何情况下存活，有时甚至过得很滋润，因为我有超人般的利用他人的能力。

虐待把你塑造成生活的幸存者。在强奸上演时分裂出的那个我，能在没钱、没朋友、没地方住的情况下存活，不仅看上去活得不错，而且真的貌似茁壮成长着。在黑暗的时期友谊毫无意义；人只是被当作获得某些东西的途径——钱、安慰、肯定、工作、性，而一旦得到就会去找下一位。最好的“朋友”是那些我可以在很多年里不断去找的人——老顾客对生意人最有价值，这很有道理。对虐待受害者而言，人际互动仅仅是一次交易。反社会者也是。这就是为什么诊断他妈的这么难——自闭症，阿斯伯格综合征，创伤后压力综合征，躁狂抑郁症，各种精神疾病，自恋，都有诊断手册里的核心特性。所以我可以大大方方地说自己有阿斯伯格综合征，因此我惯于利用他人并与同情心做斗争，或者我可以说我是个没有同情心的精神病患者。都挺合适。随你挑。

问题——最大的问题如下：当你以此为目标，觉得自己能记住所有的谎言、所有那些与不同人相处而要扮演的不同角色，最终——几年后，你绝对会掉链子。它开始害你。而你开始怀疑自己。这就是麻烦的开始。你需要记得所有事情，如果你记不住，不那么确定你对某人而言，相对那些“成功老手”，是“颓丧的、羸弱的受害者”，那么一切就会分崩离析。当你开着辆崭新的宝马与朋友周末出游，又要让他相信你入不敷出，那就需要严肃的解释，说更多的谎，记住更多的信息。这太令人精疲力竭、惶恐不安了，而风险又可能是非常高的。

对我的诊断之一是分离性身份识别障碍[1]，这意味着我有一定数量（答案是13个，如果你好奇的话）的“变格”，他们根据不同的情形，轮班上演着好戏。实际上这意味着13个人在必要时都一起去干一个人的活。这像是一场军事演习，部分地解释了记忆问题，因为在真实情况下，人格们互相之间并不是一直都有效地交流。他们中有些是友善的，有些则冷淡；他们都有一个共同目标——无论如何都要活下去。

分离性身份识别障碍看来并没有疗法，但它还是能被控制的。那些人格们能被识别、承认，能与人交谈和交朋友。那些不那么有用的人格会被要求保持沉默，那些更有用的则被鼓励去融合为整体。这真是为数不多的和医生在一起时能有的趣事。

当情况变得糟糕时我就不得不离开一位朋友/一段感情/一位同事，当我因事情太复杂而搞砸了时，这也不打紧，因为

1 分离性身份识别障碍（Dissociative identity disorder，简称DID），也即多重人格。

我可以和别人重新来过，只是失败的感觉很令人沮丧。未能达成目标且宣告失败令人恼怒。某种意义上这很可悲，因为我大多数的朋友和家人真的爱我。他们相信自己了解真实的我，哪怕他们对我的行为或个性方面有疑惑，他们天真地、令人迷醉般地相信那些疑惑只让他们更明智且富有同情心，因为他们可以看穿很多层掩饰下的我，并依旧爱我且理解我。但是这其中的复杂性，那些小时候没有被强奸过的人是不会理解的。

举个例子—— 女朋友问我一个问题。简单的问题。

“我们晚饭吃什么呢？”

正常人会回答：“鸡。”

也许还会是：“选个你喜欢的，甜心，我随意。”

或一个很大方的人——“挑个饭店好了，亲爱的，我很乐意我们一道去那儿。”

一位幸存者（尤其是患有创伤后压力综合征或是类似疾病的人）则要在回答之前的瞬间静默地思考完以下问题：

她为什么要问？

她期待我说什么？

我这么说她会有什么反应？

她想吃什么？

她会希望我提议去吃我知道她喜欢吃的东西吗？

她希望我带她出去吃吗？

为什么？

我做错了什么吗？

我需要弥补什么吗？

我想给出哪个答案？

为什么？

我这么说会发生什么？

这是个陷阱吗？

今天是什么纪念日吗？

我们昨天吃了什么？

我们明天要吃什么？

我们冰箱里有什么？

她会认为我在批评她的购物方式吗？

她想要我回答什么？

她心中完美的男友会怎么回答？

电影里的人物会怎么回答？

普通人会怎么回答？

回答这问题的时候我想要或者需要成为什么样的人？

他会怎么回答？

这个答案能为她所接受吗？

这个回答与她所知的那个“我”一致吗？

我会为这个回答高兴吗？

她喜欢答案的可能性有多大？

这个概率算是可以接受的吗？

如果她不喜欢，我的出路是什么？

我可以毫发无损地退回原路吗？

我应该用什么语气回答？

措辞应该像问句吗？

或是声明？

还是命令？

如此等等。在一眨眼间。在学校被欺凌的孩子回答直接的问题会花太长时间，因而显得含糊其辞且失魂落魄。他们会被认为“难相处”、“笨拙”、“有多动症”、“难以控制”。他们并非如此。他们是以某种方式被欺负了。请注意。

当你慢慢长大，这问题变得更加根深蒂固，就像呼吸一样。有时候，个别情况下，这会让我们措手不及。尤其当一醒来就被问到，或是过度劳累的时候。所以以防我们被问问题的时候不在状态，我们精通一套转移话题的策略：“天哪你看上去好美”、“妈的，我的后背好疼”、“我真的好爱你”、“我正想着……（此处插入浪漫记忆）”，或是更常见的，我们两眼放空假装陷入沉思，没有听到问题，而我们的大脑却早已准备来得出一个合适的回答了。为能找出那该死的合适答案而不惜一切地争取时间。

我们是多任务导向、反应迅速、极度谨慎、协调一致的混蛋。而这个毛病则是个忘恩负义、络绎不绝、无休无止的洪流，是一个又一个必须立即扑灭的火苗。正因我们的身体/大脑无法区分真实和想象中的恐惧，所以我们的反应就好像我们身处真正的战争之中。

战争是描述强奸幸存者日常生活最贴切的词汇。任何地方都有威胁，永远不能放松，在任何时候都不放过任何能得到的东西，因为你害怕这些东西明天就不存在了——食物、性爱、关注、金钱、药物。肾上腺素和恐慌这两者让你继续活下去。把道德抛诸脑后，规则不复存在，你要活下去，无论代价是什么。像这样的生活定有一些连锁反应。我一点儿也不想告诉你受虐的生理反应有多么糟糕。我有好多年，甚至几十年，几乎无法离开厕所。我孩童时代在寄宿学校时几乎每晚——通常是凌晨3点左右，都极为痛苦地在厕所里。因疼痛而出汗和恶心，感觉好像胃里有刀搅动。大便好像水一样，太恐惧，以致起码两小时都无法离开马桶。早上也是一样。我发誓我在孩童时期每晚基本都只睡三到四小时。对于减肥来说这不赖，但对参与社交而言就不那么好了。

我知道这个话题我已经讲了太多。但是老实说，有更多可以继续讲下去的。人们很容易假定一旦施虐者不再出现在脑海里，虐待就会停止，但很难接受对于受虐者而言这只是虐待的开始。

成年之后情况也没什么改善：上班时拥挤的地铁里恐怖的感觉——汗水从脸颊上留下来，浸湿了衬衫，肚子严重地绞痛着，无法确定自己是否能够及时赶到厕所。有时行，有时不行。我可以写个伦敦最便利厕所指南。我会在余生都对豪华酒店心存感激。拖着腿走进多切斯特酒店、兰斯铂瑞酒店、丽思酒店，努力让自己看起来像是它们的顾客，在这大理石贴面的温暖安适的空间里，在我的肠子就要爆了时径直冲向厕所。唯一能与豪华酒店账单相衬的只有它们充足的厕所隔间和牢固的门——神啊，克拉里奇酒店为保人脸面还在隔间外摆了台白噪声机。匆匆走进星巴克的小厕所里去解决内急绝不是一个好的选择，因为你会担心一直排到室外的长队、络绎不绝的噪声、指指点点、压力、焦虑，还有时间不足。

我看着纸上的文字，对自己如何熬过寄宿学校感到困惑——哪怕有音乐、幻想、香烟的帮助。一个焦虑的孩子，总是在腹泻而不是睡觉，一小时抽搐许多次，毫无社交技巧，总是被吓到，还总与陌生人鬼混、抽烟、喝酒，这样一个孩子竟然就这么长大成人。这真他妈的是个奇迹。但我并不以此为傲，也没有好好把握被赐予的时间，大多数时间我只是为自己仍在那里感到羞耻和恼怒。

羞耻是所有虐待留下的后果。它让我们无法走出黑暗，这也是理解为什么虐待幸存者如此悲惨的关键。词典定义“羞耻”是“对因错误或愚蠢行为而引起的耻辱或苦恼的痛苦感受”。这个定义让我有点伤心。所有的虐待受害者在某些阶段都认为发生在他们身上的是他们参与的错误或愚蠢的行为。有时候如果他们足够走运，则能真正意识并接受这样的想法是错误的，但更普遍的是实际上他们在内心深处一直——我一直相信——是这样的。我第一个与之谈及虐待的家里的朋友是看着我长大的。我那时30岁，当我告诉她这事的时候，从她嘴里冒出来的第一句话真的就是“好吧，詹姆斯，你当时就是最漂亮的孩子”。这徒增了是我造成了这事情的证明。是我的轻佻、美貌、饥渴、淫荡、邪恶让他们对我做了那些事。

羞耻是我们不与任何人谈及虐待的原因。威胁能奏效一时，但维持不了很久。是羞耻确保了沉默，自杀则是终极的沉默。无论你如何以《心灵捕手》的风格对他们喊道“这不是你的错”也不会奏效。你也可以说天空是绿的啊。说服他们唯一的方式就是足够深地、持续地爱他们，哪怕保持一定距离，以此来撼动他们固执信念的基础。而这是一项大多数人不能、不会做到的任务，他们没有足够的精力和耐心。想象一下如此无条件地爱一个人。如此持久的善良、温存和慈爱却在大多数时间里只能换回愤怒、怀疑、猜忌、渴求和毁灭。就像从收容所解救出一条挨揍的狗，它却以日复一日地撕咬你的孩子、在你的地板上拉屎来报答你。这是个吃力不讨好的任务，而当有人胜任，百分之九十九的可能是被有着许多年训练经验的人做到，他们在哈利街上班，每小时收费200多镑，每每回到家中与妻子和孩子一道就想着，“谢天谢地我今天不用再应付那玩意儿了”。

我有很多身份。我是一个音乐家、男人、父亲、混蛋、骗子。但是——是的，首当其冲的，我是个羞耻的人。也可能因为那些负面的身份我才感到羞耻。如果我能接受、亲近、扩散这深埋在我内心的羞耻、过错、恶劣和邪恶的感觉，那么那些看起来让世界不如我意的缺陷和信念也会随之消失。

第六曲
斯克里亚宾，《钢琴协奏曲》，末乐章

钢琴：弗拉基米尔·阿什肯纳齐

斯克里亚宾是俄罗斯钢琴家和作曲家。他刚开始创作时写的是抒情性的、肖邦风格的音乐，而逐渐地，由于对通感以及颜色与音乐之间关系的探索，他开始写富于冒险性的、无调性、不协和的音乐。他甚至发明了一个乐器来对应色彩，名为“色光风琴”（clavier à lumière），被运用在他的作品《普罗米修斯：火之诗》中。

他因为过度练习钢琴而伤到了自己的右手，这迫使他从演奏钢琴家转而作曲，并且从此将自己的一生投入到表现音乐象征主义和怪诞中，他将自己视作神秘超凡的救世主。（“我是神”，他在日记中写道。频率颇高。）

他和拉赫玛尼诺夫相比，就好像是19世纪俄罗斯乐界版的模糊乐队（Blur）和绿洲乐队（Oasis）一般。遗憾的是，

他在世时没有人比他更出名，而又鲜少有人在死后如此快地被忽视。

他的钢琴协奏曲作于他迈向更远大的和声建构前，在今日依然是被严重低估，尽管它与拉赫玛尼诺夫的大多数协奏曲的分量旗鼓相当，甚至略胜一筹。

13岁时，我离开了之前那所学校，去到另一所寄宿学校。一所超级贵的学校，里面都是未来的领导人、产业巨子、专制君主、拥有信托基金的瘾君子和花花公子。哈罗公学。

在这里我必须小心翼翼，因为如果我告诉你，你幸运到能去一所占地六十英亩（约合2428.2亩），有独立的射击场、剧院、军训队伍，教职员工和学生的比例大概是12 ∶ 1的学校，你要是还想发什么牢骚，他们会觉得——而且也确实如此——你应该就此闭嘴。学校和设施是极好的。棒呆了。极其势利又富裕。然而我还是老样子。五年的原地踏步——躲在厕所里，同性淫乱，关在练习室里练钢琴，胃出问题，焦虑，痉挛。

我知道。我对此也感到厌烦。我深深地感到厌烦，所以我就此跳过这该死的五年，把它归档在“老生常谈”的标题下面。我无法忍受再自我放纵地描述我如何挣扎在这所学费3万英镑一年，郁郁葱葱的郊区有着壁球场、电影院、农场的私立学校。但是在那段时间有两件事情我确实需要讲一讲，我会尽量讲得简单些。

第一件事是我第一次坠入爱河。说起“坠入爱河”，我的意思是我被抛掷到一种从未体验过的混乱感情中。这是所有关于爱的情感中最好的一类，只在“初恋”中存在。这爱伴随着混音带、暴力执念、诗歌以及激烈的手淫。

这也让你意识到了小时候被强奸带来的另一个问题。它完全毁了你对性爱或交往关系的设想。对我来说，第一次和女孩约会的时候提议在餐馆厕所里做爱的语调和意义与点一杯晚餐后的咖啡一样。那并不是出于欲望，只是在我看来自然而然，是再正常不过的事情。我们后来没能在一起（那时15岁），但是她脸上那种恐惧的表情渐渐为我熟知。这件事只是进一步加深了羞耻感，让性爱看起来更污秽不堪、见不得人、邪恶万分。

但我的初恋对象并不是女孩子。他是比我小一届的会拉大提琴的男生，他长得很好看，又很纯真，就像一切没有变坏前的那个我。是的。我就是这么自恋。而这段感情很奇妙，不是因为它真的发生过（当然不是真的），而是它为我日复一日的真实生活提供了精彩的、得以分神的事情。它把我从我自己的戏剧性生活里解放出来，给那压抑已久又急于被填补的渴望和空虚一个新的关注点。

我把时间都花在冲到我觉得他可能出现的各个地方，当我终于看到他，便假装自己恰巧路过，与他一起溜去抽烟，尽力记住他脸上的一尺一寸，他的手、胳膊，以便一会儿可以回放。当年长的男孩和臭熏熏的男人在晚上操我的时候，我就可以回想他的脸。这得是多疯狂的迷恋。这个感觉贯穿了我待在那所学校里的全部时间，给了我生存的理由。初恋应当如此。

但我不是同性恋。离开学校之后，我再没有与男性有过性接触。但是年少时的爱情是迷茫的（并不只是因为手淫过多）。它没有界限，没有对错之分。它只是不偏不倚地撞向你的脸，将你击倒在地，当你无助时让你快乐，再站起来。

我们之间什么都没发生，我甚至觉得他根本没有察觉到我的感受——我认为这是这段感情维持了这么久的另一原因——但这也算是在我乌七八糟的少年时期中难得一见的绿地了。这是由大脑化学物质和幻想制成的救生筏，在我脑内打造的一个我和他的世界，这足够让我幸存。

当然，一道存在着的还有钢琴。此时我第一次有了像样的老师，他很棒，但是辅导我这个学生显得力不从心。他叫科林·斯通，一直以来都是我的好哥们儿。他允许我在他的花园里抽烟，纵容我在钢琴上泼洒各种稀奇古怪的热情，听我胡说八道直到我疲倦，允许我尝试去弹那些我并没有能力去弹的曲子。

问题在于我在会爬之前就在冲刺马拉松。弹那些超越我能力的曲子是很可笑的，但我不知怎么还是尽量完成了，用的仅仅就是那股十足的热情。那所学校的设施确实是独一无二的。有好多的练习室，有大把大把可以把自己锁起来练琴的时间。他们甚至允许我自己去伦敦听音乐会。我觉得此前应该没有学生这样要求过，这就变成了我罕见的极乐的自由时刻，我可以搭地铁去音乐节和威格莫尔音乐厅，听那些伟大的钢琴家敲击键盘。

我的生活由迷恋主宰——那个男孩、巴赫、抽烟。每天晚上我都熬夜听我的英雄们的钢琴录音，睁大眼睛，为他们所做到的感到敬畏。我会插上耳机听拉赫玛尼诺夫，再次跟着音乐和幻想飘荡，幻想着是我在弹琴。我发现了格里戈里·索科洛夫[1]，在世最伟大的钢琴家，空前绝后，他教给我的音乐、生活、承诺和激情，比我之前学到的加起来都要多。我会听着他在钢琴上所做的种种感到目瞪口呆，甚至迷醉到昏迷。

真的，我发现在这宇宙中我想做的唯一的事就是独自一

1 格里戈里·索科洛夫（Grigory Sokolov，1950—　），16岁便获得柴可夫斯基国际音乐比赛首奖，是一位长期活跃于古典音乐演奏舞台的著名俄罗斯钢琴家。

人环球旅行，在音乐厅弹琴。就这一件事。如果能有几年这么度过，我会十分乐意在25岁就死掉。其他的事都让我心烦意乱。我知道自己不可救药地毁了，不会获得正经工作或是家庭生活的机会了，不过尽管我要透过热衷于否定和愚蠢的哈哈镜生活，但我感到这件事仍然还是可达到的。音乐家们就是命中注定要被各种事搞砸，古典音乐家们更是如此，他们享不了破洞牛仔裤、追星族和可卡因的福——他们必须得通过乏味的套头衫、毫不存在的社交技能和扭曲的面部表情来表达自己，我知道我符合所有条件。我只需要有钢琴和手就行了。社交技能可有可无。对我而言这是个完美的职业。

而最让我伤心的事情是我在某种程度上知道自己的技巧还不够好。我就是知道。在我那时的年纪，任何一个想以音乐会钢琴家为事业的人应该已经可以弹奏那些我再花几十万年都不可能弹得了的曲子了。他们可以弹得无可挑剔。尽管我可爱的老师已经尽力（包括安排让我弹琴给市政厅音乐及戏剧学院的钢琴系主任听，他后来给了我一份奖学金），但还是无济于事。我不仅缺乏技巧，我的父母也绝不允许我这么发展。他们不支持我走这条道路，力主我去正经大学。而傻帽的我，过去、现在都是个懦弱没骨气的家伙，没让他们滚蛋，无论如何都要去音乐学院。我把事情搞砸了，说了“好吧”。

有如此强烈的，让你如此全神贯注的热情，却没有骨气去追求它，这太糟糕了。

我想说的第二件事是我开始喝酒了。我曾经醉过（那个体育老师和其他人有时会以酒精来软化我），但是我还从未主动地挑选、购买、选择它。而当我第一次这么做的时候，我13岁，这是唯一一件可以与听那首巴赫的作品相提并论的事。半瓶伏特加，从楼梯上摔下，到处呕吐，被送进医院，几乎要被学校开除了，家长感到羞耻和恐惧，警察问话（那瓶伏特加是偷来的），这一切都没有让喝酒的习惯有一丝一毫地改变。当没有钢琴的时候我找到了另一位好友。我会在任何时候喝酒，因为它就是能让一切噪声消退的灵丹妙药，它让我感到自己有六英尺（约合1.83米）且无坚不摧，它是唯一一样能让我的脑袋静下来一点儿的东西，也是一张能让我在15分钟内肉身和精神世界都出窍的包票。

伏特加，杜松子酒，偶尔是威士忌。我讨厌啤酒。没有比找到一个安静的地方躲起来更让人感到安适。置身在那所疯狂的学校里，其他人都在做他妈的作业或是与他们的朋友们出去玩，而你则坐在夜晚冰冷的空气里，抱着瓶酒，揣着包烟，感觉一下地面上的湿气正渗透进你的裤子里，看到你的呼吸钻入云朵，变成迷幻的形状。无论何时我这么做（如果幸运的话也许一周能有一次，后来越来越频繁，因为我年纪渐长，也就能够从督学那里获得更多时间），都感觉像是去某个温暖的地方过了三个星期的假期。这是完美的逃避，而且更重要的是它能让我入睡。喝醉后我会回到房间，所有东西都完美地旋转着，然后倒在床上，再次远走高飞。就像小时候。虽然这时对任何想要利用我的人而言我都唾手可得（不过我平时也很随意），但是每次喝酒的时候我都能成功地麻痹自己。为这一点，我将永远、永远地心存感激。

与饮酒一道并存的是我在14岁的时候也经人介绍服用了一些药物。那体育老师的鸡巴所造成的伤害导致我下身的后半部分裂开了。这么大的东西强制进入这么小的地方，反反复复，不可能没有灾难性的损伤。假日某天，我在家醒来，因为疼痛而呕吐，被带去了医院。用上了吗啡和哌替啶（天堂一般），我开始了三次后方修复手术。第一次和第二次手术是一样的，都是椎板切除。第三次手术是脊椎融合，将钛杆植入我的脊椎，所以我可以保持直立。

当我去医院的时候被问及到底发生了什么时，我说我那儿疼了几个星期，而且变得越来越严重了。并非如此——这并不是跌倒或是其他外伤导致的，但是我最近一直咳嗽得很厉害（因为抽烟，但我没有告诉其他人），有天早上我咳得太厉害，甚至听到了“啪”的一声。我不知道我妈妈怎么告诉他们的，但是想来也会是差不多的。并没有任何一个医生检查了我的屁股，或考虑我可能遭受了性侵——他们都对为何这会发生在如此年少的孩子身上感到十分困惑，但把它归入了脊椎脆弱或是罕见病。说实话，我也不知道这是由强奸造成的；直到很多年后我去看了一位直肠病学专家（我的腹股沟和屁股疼得厉害），他告诉我腹股沟的问题和我曾经的脊椎问题显然都是小时候激烈的性经历导致的。

我只知道它比我经历过的所有事都疼，而我只想让它停止。当麻醉师要求我从十开始倒数的时候，我禁不住想为即将发生的事感谢她，用充满感激之情的目光注视着她。而当我醒来的时候有个心理咨询师在一旁候着，不能理解为什么我在麻醉和失去意识的情况下还勃起了。真是白痴。

所以是香烟、酒精、钢琴和那个男孩成为我学生时代的动力之源，它们的功效正如咖啡因、一名热辣的同事、色情片以及抱怨这些能够让大多数成年人在糟糕且令人失望的工作和家庭中振奋起来的东西一样。它们让五年时间在荷尔蒙突发、人格转变、神游中的生活一晃而过。我做到了。我获得了不错的高中课程考试成绩，从而完成学业（在这样持续又高度的警觉、威胁、压力之下你不得不展现出高于平均水准的智力和能力以保持专注），收到一份来自爱丁堡大学的录取通知书，而对于这世界，或是这世界的大部分人来说，我仍被认为是相对正常的，或许只是有一点儿古怪或是出格。

我18岁时离开学校，感觉像是68岁了。我意识到现在自己是个成年人了，余下的生命可以在自毁中安然度过。再也不会有人管着我，我可以随意地花尽可能长的时间独处。我心中的魔鬼一心这样打算。我的所有分身都巴望着离开，渴望做任何、所有事，尽可能把我毁掉。我这么做了。很痛苦。

一切从爱丁堡开始。在我印象里那是座寒冷、多风、阴郁的城市，就像我内心世界的翻版。第一天抵达那里的时候我就嗑高了，而且直到一年后我首次踏上封闭式精神病院之旅、嘴被塞满药丸后才停歇下来。

天，被药填满，让它在体内横冲直撞的感觉真好。我是说，这是种炸裂般的好，以世上最变态、最自毁的方式。我把自己当作了自己的巫毒娃娃。凌晨两点在爱丁堡和格拉斯哥最荒凉的地方闲晃，看着琴谱，出现严重的妄想症状，幻听，觉得我的房间和车子被警察监听了，连续几天不吃东西，嗑廉价冰毒嗑到整整18小时一动不动。失踪数日有种奇怪的无力感，不被察觉，隐匿在肮脏的房间里，心跳快到都要爆炸了，绝望到想叫救护车但是够不到手机，只能任凭自己独自去死，天旋地转，对根本无法想象的事情产生幻觉，尿床，自言自语，对自己咆哮。你会怀疑自己是否理智，而它则大声地回应你。

我很快便不再去上课，嗑太多的迷幻剂导致我无法区分现实和幻想，吸食海洛因（那一刻成为我此生做过最伟大也最愚蠢的事情），一根接一根地抽大麻，买大量的冰毒和可卡因

（表面上是买来做生意，实际上是为了自己能贪婪地吸上满满一口），从商店里顺东西，躲起来，一个朋友都没有。一个都没有。曾有个漂亮又体贴的女孩子。但是在和我交往一周后她鼓起勇气告诉我我需要的是护士而不是女朋友，如果我再不戒掉那些她就不和我讲话了。她说到做到，得天保佑。

这一年时间里发生的大多数事情在我的记忆中都消失了。有些许碎片：被警察跟踪；凌晨3点开车去某地，还想不起来自己是怎么到家的；半夜嗑药嗨得跟风筝一样高，然后从伦敦开车五个小时出头一点就到了爱丁堡（通常起码要七小时）；尝试着和一群姑娘做爱，然而总是失败；在单行道上逆行，因为“这样更快”；看医生时被告知我的肺活量相当于60岁的老人（抽一级毒品带给肺的损伤确实如此）；半夜在城里游荡产生幻觉，与陌生人谈话。

副作用令人不悦。它是毁灭性的，正因如此，我得到了回报，但并不叫人愉快。当我在一年级结束回家时我母亲发现我身心都如此堕落，远远超过了她能对朋友们解释的“青春期恶作剧”的程度，我被带去见了一个心理医生。我毫无反抗地去了。所有抗争在我身上都不复存在，在这个意义上按要求去做事情更轻松些。心理医生和我谈了大约20分钟，就去打了个电话，随后我立即被送到一家门和窗户都上锁的医院，静默无声，清一色男护士，有一流的药品。

于是我开始了精神病医院旅程的第一站。

我多希望精神病院也有会员卡，在里面待一天而不是买杯拿铁就盖个章，然后每集满十个章就可以放假一天。那是个奇怪的地方，里面都是富翁们愚蠢地患上了厌食症的年轻妻子、乖戾的十几岁摇滚童星，还有疲惫不堪地抵抗着“就多吸一口”的明星。我被要求服用治疗精神疾病的混合药物，几天过后开始痛苦不堪的集体疗法、一对一的心理辅导，以及美国兴起的任何治疗方案，总归会是当下最时髦的。

一个星期左右之后，我决定假意应付以出院，而不要变成一个被收容所残害了的僵尸。我哭泣，谈论内心的那个小孩子，参加每天两次的集体疗法，与人分享我的弱点，伪装出发自内心的对改变的渴望，并且不再嗑药。

显然奏效了。我获得了“巨大的进步”，在五个星期后被放归到社会，在胳膊底下夹着一本毒品/酒精滥用者匿名互助会（NA/AA）的小册子。

爱丁堡大学明确表达了不欢迎我回去的意思——嗑高了去参加考试、藐视课堂实在太过了，所以我打包走人去了巴黎。花一年时间和法国姑娘们混在一起，学习一门新语言，用那个有才的、中产阶级的词来说——“休养”，看起来是个非常不错的选择。

简而言之，可怜的吉米从学费3万英镑一年的私立学校毕业后上了大学，没过什么好日子，最后沦落到了精神病医院，费用是医疗保险出的，从精神病院出去后到巴黎休养了一年，在世界上最美丽的城市里闲晃，学了学法语。

你肯定已经开始为他落泪了。

我找了份在汉堡王烤皇堡的工作，租了间小得很的房子——炉灶装在卫生间，折叠床打开后我真的就可以在这房间从墙的一头爬到大门口，都不用下床。还有，我决定停止喝酒和嗑药。

不得不说的是，这很意外地是我人生中最好的一年。有接连不断的女孩子们（学法语最好的方式），好几百个法国的毒品滥用者匿名互助会（学法语第二好的方式），深更半夜玩国际象棋，晚上汗流浃背地在吵闹的俱乐部里跳舞，认识新的朋友，慢慢计算不沾任何酒和药的天数。会有人在巴黎感到痛苦不堪吗？我还没见到肥胖的巴黎人呢，这里有美得令人窒息的建筑，这只可能来自拥有在战争一开打就向敌人投降的精神的地方（这些建筑才得以保存）、艺术、咖啡、法式甜饼、沙哑口音、对工作先天鄙视，以及随地抽烟的环境。

在保持不碰酒精和毒品的时间里我偶尔也会使诈——想着我可以有节制地喝上几杯，但很快又意识到在凌晨3点去尿尿，在巴黎更穷的区里游荡着去搞些海洛因还真是不太健康。大约在我在巴黎待到六个月的时候，也不知怎么奇迹般地，在

1995年3月29日，我倒掉了最后那点儿酒，通过“十二步项目互助小组”造就的奇迹，我保持清醒，远离了毒品和酒精。

总而言之，我进步显著。

幻听结束了（听觉方面的幻觉是精神类药物和创伤经历共有的副作用），疯狂消退，我终于能瞥见有趣、轻佻，甚至可以操控的生活。我买了个电子琴（它能和真正的钢琴媲美的想法真是太荒谬了），尽自己的努力练琴，但我依然认为以弹钢琴为生的任何梦想还是太遥远了，就和想成为宇航员差不多。因此我就这么彻底放弃了。我用随便什么非化学合成物分散自己的注意力，决心把多年由于孤立和恐惧而丧失的少年时期塞到这一年里。我申请了一堆在伦敦的大学，想去念心理学。

住嘴啦，这是真的。

特别有趣的是我给七所大学去信说我刚从精神疾病疗养院里出来，从由药物引发的精神病中痊愈，很想在贵校学习心理学，等等，我知道自己错过了申请的最后期限，爱丁堡大学也不会给我提供介绍信，但是我能不能来呢？我现在真的好多了。其中五所学校同意了，没有进一步的要求，就只需要面试。我用胡扯操纵别人的伎俩依然首屈一指。

在经过了一年吊儿郎当的胡闹，我回到伦敦，操着一口流利的法语，顺利通过伦敦大学学院的大门。依然不沾毒品，保持清醒。依然疯疯癫癫（虽然症状减轻了）。依然想逃避童年阴影，这时我已经几乎成功地把它埋藏得很深了。

给同样经历过类似童年创伤的人写些提示：你没法逃脱。

你无法躲避。

你不能否认。

你不能把它推倒，并期待它最终不会再次发生。

要是我知道究竟有什么会发生在我身上，我会心甘情愿地走入世上任何一家精神病院，住上一年，无论这将会耗费多少金钱和时间，让我失掉怎样的机会。可悲的是我本该用几个月时间来处理自己的问题（这就好比精神疾病康复者的间隔年），这样我可能能够拯救自己，这本该有不可估量的价值。但显然我是那么愚蠢而又不自知地健忘，我想着如果我能不再去想那些事情，否认一切糟糕的事情，分散注意力，避免记起，那我可能就可以对过去免疫。我像是一具被埋在天井里的尸体，随时间腐烂、消失，尽管留存了一丝挥之不去的气味。我是那么想成为一名好学生，尽最大的力气避免自省，应付那日复一日的生活。

那是无聊，但还算有点儿成就的三年。我把钢琴、酒精和毒品换成了女朋友、妓女和写作业，我隐身在一个又一个金发、深发，或是随便什么发色的姑娘的怀抱里，而这一切总要停止的。我选了一个浮夸、略带点怪异的变态人格，让人们对我敬而远之，我对任何形式的社交生活和自我改进完全不感兴趣。

不过我和马修保持了友好的关系，他成了我最亲密的朋友。我立即知道他是个稳妥的人。他长得很高，帅极了，聪明又善良。这些优良品格随着时间愈发显著。这家伙是有两个博士学位的心理学家，做着至关重要、性命攸关的工作。他完全不介意我会忘掉事情（生日、计划、社交中的繁文缛节，比如反复询问他的状况，等等），不介意我时而粗鲁且淡漠，时而黏人又奇怪，时而面对他又会突然毫无征兆地沉默。

他是我第一个朋友。

他现在也是我最好的朋友，抵得上我本来会在大学里结交的上千个面目模糊的泛泛之交。

我以还算不错的二等一级成绩离开学校，没有念研究生，因为到了该去赚钱的时候了。我翻开《伦敦旗帜晚报》，申请了我看到的第一个销售方面的职位（金融出版），然后，在简短的十分钟面试后，我得到了这份工作。

第七曲

拉威尔，《钢琴三重奏》

三重奏：阿什肯纳齐、帕尔曼、哈雷尔

拉威尔是个没有性欲、极其恋母的法国人，一生里写了不到90部作品。他的父亲是一位瑞士发明家，母亲是巴斯克人[1]，他是个烟不离手的纨绔子弟。他和德彪西为自己的音乐浴血奋战，每个音符都被痛苦、缓慢又有条不紊地拽出来。他和德彪西是法国最伟大的印象派音乐大师，尽管在“一战”应征当卡车司机时受到过创伤，后来乘巴黎出租车又遭遇车祸造成脑部损伤，把他搞惨了，但他依然是法国音乐的执牛耳者。

1 巴斯克人（Basque），欧洲比利牛斯山西部地区的古老民族，绝大多数居住在西班牙北部，是欧洲保存本民族风俗、服饰最多的一个民族。

他和格什温[1]常一起在纽约哈莱姆区[2]爵士酒吧里混迹，他也从这音乐中汲取了几分趾高气昂的味道。

他的钢琴三重奏拥有天然的力量，发自肺腑，活力四射，且远远超越了为之写作的三件乐器，这是他在入伍当兵前写的最后一部作品。它长达四个乐章，要求演奏家们有近乎超人般的精湛技艺，这是个旋转着色彩和梦幻的万花筒。他说他曾有过的唯一的爱慕对象就是音乐，而他所有被压抑的性能量也就被投入到了他的音乐中。

如果这是部电影，我会就此凝住画面。对我而言这是个巨大的转折点，即便那时我一点儿都不明白究竟发生了什么。表面上一切看起来很正常：完成学业，拿到学位，找到工作，开始职场生涯，坠入爱河，结婚，成家。这正是在我身上发生的，然而我浑然不觉，无力让它停止。我在完全错误的信念下努力前进——认为像我这样的人，哪怕有那样的过去和脑子，

1 乔治·格什温（George Gershwin，1898—1937），美国作曲家、钢琴家。

2 哈莱姆区（Halem），又译哈林区，是位于美国纽约曼哈顿北端的一个居住区，在20世纪是黑人聚居的商业、文化中心，发展出众多的包括爵士酒吧在内的娱乐场所，也成就了众多的音乐家和作家。

依旧可以正常生活。放弃自我，沉缅于受害者情结，放任一切——是的，我绝对是这样的人。而成为一个顶天立地、卓有成效且正常的社会一员？我不太在行。如果是电影，我宁愿挑《双面情人》[1]的风格，走与我选择的愚蠢之路完全相反的那条路，一直走下去。因为我很快发现，比起假装正常，其他任何做法都更安全。

但我并没有那么做。这完全是我的错。即使有个来自未来的人尖叫着要我选择另外一条路，或像在圣诞节造访的未来之灵[2]那样向我演示未来，我都不会相信。因为在很久之前我就有意无意地逃离真实的自我和对我而言真实的世界，到这个份上即便我想也无法改变了。把自己的人生花在逃离那些能够拯救自己的东西（诚实、真相、现实、爱和自我接纳）上，简直是天大的讽刺，我那时相信它们会要我的命。

就这样，我推动自己，把恐惧当作动力。还是不弹琴，不做反思，没有过去，没有“我是谁”和“我过去是什么人”的概念。我被挂在自动驾驶挡上。然而，他妈的，一切都太容

---

1 《双面情人》（*Sliding Doors*），由导演彼得·休伊特（Peter Howitt，1957—　）执导，1998年上映的一部爱情喜剧电影，假设了女主角在两个不同时空而遭遇的截然不同的经历。

2 未来之灵（Ghost of Christmas Yet to Come），出自查尔斯·狄更斯圣诞系列小说《圣诞颂歌》（*A Christmas Carol*），“过去”“现在”“未来”三个圣诞精灵中来自未来的精灵（也是接近死神的一个角色），带主角看到未来自己孤单一人死去。

易实现了，这依然让我惊奇。

我的工作包含卖广告和社论给全球各大企业，做那些没人读的金融产品出版物。因为其中涉及利用、欺骗和诱劝老年人，我对此干得得心应手。我每次都能赚到佣金，还有一笔不高的底薪，当我的朋友们以2万英镑的年收入开始职场生涯时，我已经可以不费吹灰之力地赚到3到4千的周薪了，每天下午5点下班，周末从不加班。诚然，我奇怪的时间恐惧症使我在每天早上7：30就到办公室，对成功和成为第一名的渴望驱使我，而金钱让我更加如饥似渴。

如果有一种职业不仅会极大地加深自我憎恨感，同时又打击人脆弱的自尊心，那么在这座城市比起在其他任何城市都更适合。尤其是当我不沾毒品，且保持清醒的时候——那些钱对一个22岁的单身男人来说可以分心和回避现实好几年。我带姑娘们去最贵的酒店，给他们买愚蠢到不可理喻的礼物，环游世界，给自己订制西装，在吃个头盘就要比四个人在Pizza Express吃一顿都贵的餐厅里吃饭。我是个巨大的、灾难一般的自大狂，是对鼠类和人类身上一切恶事物的戏仿嘲弄。

关于虐待还有件绝妙的事情——身体从未忘记。我确实可以随心所欲地跑得飞快，尽可能地分散注意力，但是他妈的，我几乎每天都会在地铁上由于焦虑而拉屎在裤子上，我的身体支离破碎，肌肉绷得紧紧，像吱嘎作响的旧绳索，而我的脑袋好像一天16个小时都被老虎钳钳住了。接着便是再一次的——我的后面又不行了。

我做了第二次手术，在保持数年不沾毒品和酒精之后，我享受了优质致幻剂带来的引人怀疑的战栗感，然后又直接冲回到我那充满否定的生活。

然后我遇到了后来成为我妻子的女人。这桩事完全没有任何希望。我有的那些不是女朋友，而是人质。而简（在她的要求下我只能使用化名）是个完美的选择对象。她很漂亮，比我大十岁，在我之前她结过两次婚，看起来就像刚从20世纪20年代的盖茨比——禁酒令、大派对——的世界中逃出来。我呢，实际上，是想找个妈；而她，好吧，我并不知道她在找寻什么，但是肯定不会是我，除非这是个巨大而不切实际的宇宙级笑话。

我猜她只是想找个不那么混蛋的丈夫。而我潜意识里残忍地、恰恰就演了那么一出。我朝她抛蒂芙尼首饰，周末带她去巴黎乔治五世大道的四季酒店，每周送花三次，在仅仅两个月后就坚持要她从她肮脏的位于斯特里汉姆的一居室搬进我的公寓，为所有事情埋单，做一切我可以做的，扮演起"呱呱叫的求婚者"的角色。我不由自主地这么做，尽管知道这似乎是个巨大的错误；尽管知道这并不是我，我无法维持一段关系。我想拯救她，自己为此感觉很好，就像让迪士尼那样的童话世界成真了。这是场灾难。我知道它终会崩溃，无法维持。因此，我向她求婚。因为这就是你和某个人在一起11个月之后该做的，这是正常人该做的，它能平衡我内心的疯狂，能为我的生活加上一层“普通”的痕迹。

我们订婚了。我的身体却不停地向我发出停下的信息。我后面还要做一个手术，一个重大、操蛋的脊柱融合手术。

我们结婚了。在致辞的时候我哭了，因为我找不到什么办法来停止滚滚向前的一切。两天后，9·11事件发生了。我们的蜜月花了天价，但很空洞。我的屁股被黄蜂蜇了。我在我们的蜜月套房醒来，那是在法国南部的一家颇具异域风情的旅馆，我意识到自己已经结婚了，从某个遥远的地方，传来了一阵可怕的、不停的笑声。

实话说我真不知道自己在想什么，除了那个可悲的希望——如果我一直做正常人做的事情，我也会变得正常。但是，像我这样的人不但可以结婚，而且还能保持、培育起婚姻，对婚姻做出承诺的想法实在太他妈的荒唐了。我对爱的整个概念都是歪曲的。爱对我而言是获得关注、同情和加分的斗争，基于外在的观点和外在的、物质方面的事物。它无关共同的价值和信念。它幼稚、失衡、病态又自私。这是孩子对家长的爱，而不是一个男人对他妻子的爱。写下这些，还要做到不想挥拳打自己的脸直到打到什么都不剩，着实是个挑战。但实情就是如此。

我们用贵得离谱的家具打造了个“完美的家”。看上去很美，但感觉好像是真空的。我不断撒钱，竭尽所能，使我们从这段婚姻固有的裂缝转移注意力，不去注意我彻底、完全没有能力维持一段有效的感情（我不能，也不会替她发言）。她过去、现在，都是个非常可爱的女人，善良又富于同情心，善解人意又聪明有趣。

然后她怀孕了。那是个漫长、笨拙又痛苦的秋天。灾难看似就要发生，尽管没有什么明显的改变，可我对即将发生的事感到越来越深的绝望和恐慌。正因我琢磨着假装成另一个人，在某种巨大而又不可见的力量的作用下，我的世界就要不可避免地坍塌了。此时大概是按下暂停的大好时机。

第八曲

肖斯塔科维奇,《第二钢琴协奏曲》,第二乐章

钢琴：伊丽莎白·莱昂斯卡娅

1957年，俄罗斯音乐的巨人，德米特里·肖斯塔科维奇为自己儿子的生日创作了《第二钢琴协奏曲》。可能正因为这个作品的写作对象，它成了肖斯塔科维奇作品中一贯的冷嘲热讽、愤怒和暴戾风格（去听他的《第五交响曲》，那就是一个最典型的例子）的间歇。

不同于大多数同时代人的是，肖斯塔科维奇终生都留在苏联，尽管混乱和斯大林主义使得普罗科菲耶夫、拉赫玛尼诺夫都离开了。肖斯塔科维奇留下并通过音乐战斗，间或以他的作品描绘了他们伤痕累累的国家的面貌。

他是有紧迫感的，对政治敏感，无畏且富于革命精神，曾相当精彩地表示“一个有创造力的艺术家要创作下一个作品，因为他不会满足于前作”。

这个慢乐章，犹如贝多芬《“皇帝”协奏曲》的空谷回声，成为肖斯塔科维奇最浪漫优美的作品之一，愈发突显出他在创作它时周遭发生的种种恐怖景象。

宣布怀孕几乎在全世界都值得庆祝。为人父成为某种对奇迹的神圣赞歌。脑补画面里有微笑的父亲们抱起嘤嘤的宝宝们到自己的怀里，以及他们与妻子们手挽手穿过花园的画面。我们对缺乏睡眠、创造生命不堪承受的责任、费用、混乱，以及拥有孩子的精神压力视而不见。有很多标题类似《我在等红灯时睡着了——一个三胞胎爸爸的故事》的书。有无数的“有效的父母之道”的指导，天晓得什么叫“有效的父母”。而现实——至少对我而言，是更凶险的。

我的儿子是个奇迹。我此生没有什么体验能与他出生时在我心中爆炸的那枚炽烈的爱的原子弹相提并论。我不知道“完美”一词的意思，直到把他抱在怀里。在此前我也不能完全赞同上帝的概念。如果有任何一个父亲读到此处还不相信上帝的话，那他一定是在撒谎。因为我向你保证，当你在医院等候，妻子在待产，医生和护士忙得团团转，氨水的味道一直渗入到你的鼻孔里的时候，你的脑中只会有一个想法——“上帝啊请让他健健康康的吧。我不介意他是不是那么聪明、健壮、英俊或者才华横溢。只要给他十根手指十根脚趾就行”。

但对我而言这意味着生活的另一面。必须如此。如此有影响力的事情必须也要有同样强度的对立面来平衡。对我来说这对立面就是恐惧——纯粹的、极致的、发自本能的恐惧。我被赋予了这世上最宝贵的东西，而在内心我知道自己根本就不能担负起那样的责任。

你可以解除一段婚姻，辞职，卖了房子，无可非议地离开你的朋友、家人、前任，给宠物找新的家。但是孩子？你自己的生理延伸？你无法从这样的关系中逃离。

杰克（化名，还是应简的要求）是最非凡的孩子。每位家长都这么说自己的孩子。然而对你来说他可能就是不停屙屎拉尿的、哭个没完、嘤嘤呜咽，却又可爱的小家伙。但是对我来说他是这世界存在魔法的惊人证明。不管我对于我们婚姻的感觉是怎样的，他都是从爱和渴望之处孕育出来的。他是被需要的，被急切需要的，从一开始他就是被宠爱和赞赏着的，一级棒，令人惊奇……所有那些赞美的词在这里都适用。

然而。我生活中曾发生了那么多糟心的事，让我懒惰、恐惧又毫无远见（随你选吧）地没在他出生前做一番打理。正因如此他降临到这世上时，所面临的境况比大多数孩子都困难。一个4岁孩子的父亲有九个月时间待在精神疗养院里，那他其实没有父亲；一个婴儿有个远远没能克服自己疯狂的父亲，那他其实没有父亲；在并不完全确定有能力承担那样的职责时就决定创造一个生命，是一桩几乎无法原谅的罪过，然而这却恰恰是我所做的。

关于成为父亲我有一个自己想要具备的品质的清单。其中包括坚强、随叫随到、耐心、有安全感、已婚、充满爱意。而我觉得自己距离任何一项都差距很远，除了最后一项。充满爱意。而这又是生物、宇宙、基因、内心、自然的力量，爱我的儿子于我而言是世上最简单、最自然的事情。对自己、朋友、女朋友们，甚至家人，我都要很努力去做到这一点。但对杰克？爱他就像呼吸一样。

虽然我开始与自己过去的恶魔作战，也有一些我能够给予他的东西，尽管有些晚了。他永远不用担心要去做一份“看起来正确”的工作。他只需要考虑做那些能让他欢笑、兴奋到上蹿下跳并想将此告诉世界的事。而如果他不能赚够让他舒适生活的钱，我会快乐地肩负起那担子，只要有必要就一直支持他。我对他的唯一期望远高于学术或是赚钱方面的成功，我只希望他不停地追逐欢笑和喜悦。

我希望他知道快乐的秘密。这很简单，却不为大多数人所知。而那技巧就在于随心所欲地做任何让你开心的事情，只要不伤害到你身边的人。不是做那些你觉得自己应该做的，也不是其他人觉得你应该做的，而是去做那些能给你带来巨大喜悦的事情。要能够对那些不合你心意的事温和又友好地说“不”，离开那些不能满足你的环境，转向让你心情舒畅的事情。没有任何事能阻挡我帮助他实现这些。

当他出生时，我种种过往的涟漪成为势不可挡的潮汐，这是让我觉得内心永远无法安宁的原因。当失掉一切且要分崩离析的时候，哪怕我没有一点儿选择的余地都完全无关紧要。我本该永远赴汤蹈火地避免他有一个缺席的、心不在焉，又叫人羞耻的父亲——一个合格的父亲的阴影面。向他说对不起是我能想到的最无价值又空洞的举动。我所知的，能让他认为这歉疚真诚的唯一渺茫的希望，就是追随这一歉疚持续不断、聚精会神、急迫地承诺，我会真心诚意地做出改变。

无论他是否原谅我，我现在终于做到了坚强、随叫随到、在他身边，还有坦诚。我现在，即使晚于自己的期望——准备好做他的父亲了，而我相信他，也相信他的能力，能以最好的方式革新这个世界。我强烈并始终热烈地为他自豪。

第九曲

布鲁克纳，《第七交响曲》，第二乐章

指挥：赫伯特·冯·卡拉扬[1]

在我早些去维罗纳与一位叫埃多的意大利钢琴老师学琴的某一回，他向我提起作曲家安东·布鲁克纳。

“一堆垃圾，”我说，“冗长的作品，没为钢琴写任何东西，无聊，不值得为此浪费时间。”

但其实我从未听过他写的任何作品。

埃多真的打了我一下。他叫我坐下，对我说：“现在不要动。”然后放起一张布鲁克纳《第七交响曲》的唱片。从头到尾，足足长达70分钟。

我一动不动。我无法动弹。它不可挽回地改变了我。

---

1 赫伯特·冯·卡拉扬（Herbert von Karajan，1908—1989），奥地利指挥家。曾指挥柏林爱乐乐团长达35年（也是柏林爱乐乐团迄今为止担任该职最久的指挥家）。

布鲁克纳是个非常虔诚的基督教徒。(举句他说过的话为例："他们希望我以不同的方式写作。我可以，但是我不能。上帝从千万人中选择了我，在茫茫人海中给予我这样的天赋。我要对他负责。若我追随了别人而非全能的上帝，我如何才能面对他？")他矮小，体胖，缺乏社交礼仪，还有无可救药的浪漫情怀——他曾多次向热辣的年轻女士们求婚，但无一例外都遭拒了。他终身未婚，患上了严重的强迫症，令他对数字有变态的迷恋，他不断地修改自己的作品，因为他对自己极为严苛，还饮酒过度。

他还创作了一些人们所知的最伟大的交响乐作品，篇幅巨大，长达六七十分钟，管弦乐史上宏伟的高峰。

《第七交响曲》有四个乐章，每个乐章史诗般的音乐风貌都值得单独用一章来介绍。它那让我应声倒地的震撼，永远都会像这个第二乐章一般有力、不顾一切，就像泰森的左勾拳。

当我成为父亲的时候我那些已褪为回声的历史又成了尖叫。冰冷、暗伏着的信念渐长，就好像癌症。我确信糟糕的事情就要发生在我生命里最宝贵的东西上。这是我经历过的最最可怕的事情。无论举目何处，我都能看到危险。

我从不知道人能在同一时间感受到如此多强烈的情绪：纯净无瑕、突如其来、饱满深沉的爱，伴随着如此盲目又刺透我的恐惧，令我几乎无法呼吸。我在那里，要把手中这件无可形容的完美造物交出去。说不定那些乐得无知的护士们会把阿斯顿·马丁的车钥匙给一个在时代广场的4岁小孩，说："尽情释放吧。"

我主动担任起半夜给他喂奶的任务。反正我总是醒着的。我太焦虑，总是过虑，脑海中闪过无数种他随时死掉的情形。我知道在最根本的层面上有些糟糕的事会发生在他身上，只是时间问题，而不是是否问题。因为这就是要发生在孩子们身上的事。

好的一面是我和他关系十分密切。我是说——是啊，这不正常，但我生活并呼吸着他的味道，一天24小时。我怎么亲近他都不够。直至今日，我生命中最快乐、最满足的宁静时刻就是抱着他，昏昏欲睡，感到手臂中踏实的重量，在他睡着的时候给他喂奶。我过去都不知道婴儿在睡着的时候也能吃奶。知道自己在喂养着他、保护他，那么，这一刻他不会出任何差池。

在激烈的、竞争极其激烈的伦敦中产阶级"学校争夺战"中，我们很早就为他选择了一大堆小学，远远早于应该的时间。而在每一次与学校的谈话中我绝口不提涉及设施、教学大纲、餐饮条件等方面的问题。

我们坐在校长办公室，墙上是邋遢的、毫不掩饰的孩童涂鸦，然后她就会开始滔滔不绝：

“我们是所绝佳的学校，为伦敦更受好评的中学提供生源，我们的很多学生后来去了全国最著名的学校和大学。我们有完备而具有启发性的课程设置，豪华的设施，常规的实地考察旅行，并一直在教育标准局办公室保持良好的记录，而教职员工与学生的比例是1∶5。我们主要的关注点不仅仅是学术上的成就，也在于通过团队合作和善举而达到沉思静想、精神关怀和自我发展。”等等，等等。

而我坐在那儿，苍白又警觉地问道：

“你们雇佣男老师吗？有多少？他们会独自和任何一个孩子相处吗？你们的监察人员必须检查的内容是什么？你们有闭路电视监控吗？在厕所里也有吗？谁带孩子们去厕所？他们会独自在那儿吗？学校有哪些区域是没有闭路电视监控覆盖的？你们对教职工的背景调查有多彻底？你们会彻查推荐信吗？你们会观察孩子们有不高兴和受虐待的征兆吗？若是怀疑存在虐待，你们正式的应对流程是怎样的？这些有明文规定吗？我能要一份复印件吗？”

我越来越像行尸走肉了。我必须在短短几个星期后回去伦敦金融城工作，这意味着我要在早上7点离开他，穿过漆黑的伦敦街道，在车厢里啜泣。我知道在我孩童时代曾发生了什么。而这些类似的事情看起来将会不可避免地发生在他身上。这就是童年啊——一个充斥着危险、恐吓、恐怖和痛苦的战场。

就这么把他带到了这世上，这让我感到是我硬生生把他扔到那样的情境中的。

而你该怎样应对这等程度的愧疚呢？你如何才能不沉溺于其中呢？更进一步地说，你如何才能不想把自己从能找到的最高楼上扔下去，因为你是如此地耻笑自己是个寡情冷漠的负心汉。

这就是我的假面破碎的开始。在那一时刻——本该，可以成为我人生中最快乐的一刻——却让我倒向从未能想象到的疯狂中。

我这么说仅仅因为——我小时候被强奸过。在五年的时间里我和一个体格三倍于我、年纪比我年长三四十岁的男人，违背我意愿、痛苦、秘密、残暴地发生过性关系，许多许多次。我变成了一个供使用的器物。痛苦——肉体、内心和精神上的——我能承受。但是他们不会告诉你这些折磨的涟漪所伸出的剧毒且冰冷的魔爪会造成更严重的伤害。他们植入了一个不可动摇的信念——所有的孩子都会以最恶劣的方式挨过童年，没有任何人能以任何方式保护他们。把杰克带到这世上让我与造成他未来必定要忍受的痛苦的人或事成了共谋。他妈的那家伙所做的不只毁了我，还要间接地偷走我儿子的童年。而这都是我的错。而这种痛苦让我无法承受。他夺走了我的童年。他又夺走了我的孩子。他夺走了我的父亲身份。而他还哈哈大笑。对于这一点，尽管生活中我享有特权，常常自恋，有作为伦敦北部自命不凡的混蛋的架势，我却感到毛骨悚然。

我开始不断撤退。惩罚、被动的攻击行为、欺骗、嘲弄、哄骗、胡说八道的判断构成了我嘴里冒出来的所有话，一刻不停地摧毁着我的婚姻。实际上简尽可能长地与我共处，完全出于她那宽宏大量的耐心和善意。即便从根本上我无法以“正确的方式”爱她也没有关系。我们曾组成了一个家庭。我们有必要的工具去为自己的小崽崽建立一个强大、稳定、有充分关照的窝。我本该每天醒来，抓紧这一切的一丝一毫，而我却彻底把它给毁了。

受害者的自私是最让人难以忍受也是最难以同情相待的。我们是白痴。爱我们的可能几近渺茫。我们一再地逼迫他们，以至于最后我们获得的是更深的受害者情结。有时我对忍耐和痛苦的渴望是无限的——一个寻求越来越多自我伤害和反常快感的无底深坑。

我觉得我本能以不同的角度来看待这个问题的。我儿子的降生是我旧日生活的结束，是更加令人满足的新生活的开始。事后想来，这完全合乎情理，或许会让迪帕克·乔普拉[1]感到骄傲。但是长时间在危险的困境里穿行，与假想的炮火搏斗，让人感到毫无止境的惧怕和绝望，并造成损伤。

一些事情让我困惑，因为我好多好多年都没有这样的经历了；会无缘无故地哭，无法入睡或是只能去睡。最可怕的事情大概是时间错乱——有时只是转身离开，并没有意识到我要去做什么，过一会儿又回来了，可能是几分钟或是几小时，完全记不起发生了什么。我童年时的肌肉抽搐又回来了——发出吱吱叫的声音、颤动、拍打、开关电灯——我失掉了做所有事的兴致，从饮食到做爱到看电视。我陷入一片漆黑，而我一点儿都不知道为什么，也不知道如何走出来。

所以我找了能让自己分神的事情。我得找到一个既不杀人也不自杀的办法。所有的路都指向音乐。一直都是如此。我无法成为一个音乐家，十年没在钢琴上弹出任何音符的时候我就知道了，所以音乐家不会是一个选项。但是我可能成为音乐经纪人。任何可以让我离开伦敦金融城，哪怕是不甚明了地转向音乐的事都是朝着正确方向的一步。所以我做了任何一个在金融城工作的自我中心、自命不凡的家伙都会做的事情——找

1 迪帕克·乔普拉（Deepak Chopra，1946— ），印度裔美国作家，替代医学（alternative medicine）倡导者，灵性学畅销书作者。

到代理世上最伟大钢琴家的经纪人的地址，开始与他建立商业伙伴关系。

这并不困难。一箱克鲁格香槟，几封邮件，一两顿晚宴款待，我的工作就被定下了。他的名字是弗兰科，住在维罗纳，曾照料我的英雄格里戈里·索科洛夫20年。毫无疑问，格里戈里·索科洛夫是当前在世的最伟大的钢琴家，也可以说是有史以来最伟大的钢琴家。他能一再地以钢琴音符触及你的灵魂，无论那里有什么都能把它扯出来，摇晃它，擦亮它，带它兜个风，再把它放回去，给予它更好的状态。这家伙，这位古怪自闭的智者。这位胖乎乎、笨拙又内向的钢琴领导人，自打我听到他的第一张专辑，他便在长达十年间成为我的音乐偶像。那张唱片录的都是肖邦的作品，而且全是现场录音。大多数的现场专辑（包括我自己的）至少要用两场演出拼出来；制作人和音响工程师会把最好的部分提取出来，把它们合成为一张“现场”录音。如果那唱片公司特别放肆，他们会把现场录音拿进录音棚，修掉糟糕的部分，这个过程被称为打补丁，然后确保这事不会在任何地方被提及。这是种公然的作弊，但我们这么做了，因为我们渴望关注又没有把握，无法忍受交出不那么完美的东西。但索科洛夫从不。一场音乐会，一次录音，听众中有些因着凉而咳嗽的俄罗斯人，这是我听过的最真切、最叫人震惊的肖邦《第二钢琴协奏曲》和《第25号练习曲》。iTunes上就有——不要只是听我这么一说。

于是便开始了一场轰轰烈烈的爱慕。他只发行了屈指可数的几张专辑，这更加叫人着迷。其他的录音都收录在网上，像儿童色情片那样，被发育畸形的恋钢琴癖们（真的有这个词pianophiles，我发誓）以绝对的敬畏聆听着。

所以和那位把索科洛夫在年轻时就从俄罗斯带到西方，使他登峰造极，在全世界创下如此多满座纪录音乐会的经纪人一道工作，我兴奋得难以自持。

带着简的认可，我辞掉工作，我兴奋却也伴有微小的眩晕，因为我离开了那份拥有稳定收入的工作，而弗兰科和我又决定共同砸3万英镑在伦敦开一间事务所。但在那之前我们认为我应该到维罗纳待上几周时间，摸摸门道。我去了，如饥似渴地。

弗兰科住在维罗纳唯一的高层建筑里，俯瞰全城，有最令人惊叹的视野，整面落地窗、一台价值1千英镑的咖啡机和一架雅马哈三角钢琴。就在此处，有你在这世上需要的一切。我到维罗纳的第一晚进餐过后，弗兰科问我是否会弹琴。我嘟囔着说好些年没弹了，但少年时期弹得相当不错。于是他便问我是否可以为他弹些什么。而我呢，由于渴望认同和关注，又由于意面、景观和意大利城市的气味让我产生了快感，于是就坐在了钢琴边，不知怎么就弹了一首肖邦。在我听来真是凌乱又叫人难堪。但我记得所有的音符，把它弹完了。我有点儿脸红，转过身看他的反应。他坐在那里，惊得下巴都掉在地上了，陷入完全的沉默。一分钟后他对我说：

“詹姆斯，我干这一行25年了，从没听过任何业余钢琴爱好者能把琴弹成这样。别做经纪人。每个月都到维罗纳来，和我一起，跟我的朋友埃多学琴，他是全意大利最好的老师。你不一定会成功，但必须试试。”

于是，就这样了。

他在几天里把我拖到他所有的朋友家里（他们都有钢琴），强迫我弹琴给他们听，就好像我是刚受了训练的小狗。这对我来说既奇怪又美好又不可思议。在整整十年不弹琴，并与我可能永不能实现梦想这一事实和解后，弗兰科向我平静的内心扔了颗手榴弹。

然后某个早晨我们到了埃多家。他是永远地改变了我的人生的人，是我遇到的最暴力、最好斗、最傲慢、最专横的混蛋。对像我这样懒惰、不怀好意、未经好好训练又过度热情的人来说是完美的老师。当天我们就上了第一节课。我们一同走进一家音乐书店买了本莫扎特奏鸣曲琴谱（F大调那首，如果你们想知道的话）。真是个糟糕的开始，因为：（1）我讨厌莫扎特（跟青春期差不多的原因，我讨厌所有我不知道或是不理解的东西，因为目光短浅又懒于去更多地了解他），以及

（2）我以为我们应该从一首庞大、花哨的拉赫玛尼诺夫钢琴协奏曲开始。

于是我们开始上课，以一种我闻所未闻的方式。缓慢地，仔细地，对细节有近乎非人的关注，聚精会神，用铅笔做了一大堆标注。他向我展示了实现一切的花招，最有用的就是他对节奏的处理方式，还有那些钢琴演奏中要涉及快速演奏的困难段落。他把这些段落分解为四个或是三个音符一组。然后再进一步把它们分解为不同的节奏——10个小组，弹每组时都去着重与这组音不同的一个音，可以是加重音，或是加附点（保持这个音，增加原标记基础上一半的时值）。这就好像一个长距离跑步运动员在跑马拉松的时候要求他的身体在每一步机械的跑动时都停下，一再地、一遍又一遍地练习每一个微小的动作，直到他开始把这些动作合到一起。

我训练自己的手指尝试各种可能存在的音之间组合的变化形式，然后再弹下一个段落，我他妈弹了不下50遍都没有把它演奏得像乐谱写的那么完美。似乎一扇门在渐渐打开：花数个小时有条不紊又缓慢地练习，你最终能够把它做得很好，又快又准确无误，而不是毫不留情地杀过去。这真是大开眼界了，因为这意味着那些我以为不可能弹出来的曲子突然变得可能了。我终于理解埃多和我讲起的0.2秒准则——对于大多数人来说，这个时间长度只是眨一下眼而已，但对于一级方程式赛车手来说，这就是第一名和第十名之间的差距。大多数人能够在相对较短的时间内把琴弹得足够好，但是若要成为顶尖，把竞争升级到0.2秒之争，需要从“好”转而为“伟大”，这会需要通过25年无休无止、全神贯注、持续不断的努力。我感觉就像一个从腰部以下都瘫痪的人，此时突然能够再次走路了，尽管经过了艰辛的练习和训练。

而这就是我所做的。艰辛的练习和训练。每个月我都从盖特威克飞去维罗纳，和埃多度过四天，再回家练琴。这是灵魂精神既毁灭又振奋的过程。他是如此凶狠挑剔，又有极强控制欲的人——我常会看到一个手机从我眼角边飞过，出于厌恶，埃多正把它向我猛扔过来，或是对我尖叫，唾沫横飞，用意大利语对我大发雷霆。在极罕见的情况下我弹的方式是他可以接受的，于是他就只是耸耸肩，说：“之后弹什么？”我的钢琴谱上依旧充斥着他标写的内容：例如鼓舞人心的首字母大写DWTFYW（“随你他妈的便”[1]，听起来应该是他那恼怒、失望、乖戾的音调）、婴儿杀手（表示反对我的诠释方式），或是简单又精确的——屎。但是我并不在意，因为我在弹那些我一生中都充满敬畏感的作品——肖邦的《第三钢琴奏鸣曲》[2]、

1 原文为 Do what the fuck you want。

2 这一单个、独立的完整作品曲目名称为（以下省略）：肖邦B小调第三钢琴奏鸣曲，作品58。

《第二钢琴协奏曲》[1]，贝多芬的《“华尔斯坦”奏鸣曲》[2]和《奏鸣曲作品109》[3]，巴赫的《帕蒂塔》，肖邦的大部头作品比如《幻想波罗乃兹》[4]和《F小调幻想曲》[5]，拉赫玛尼诺夫的《练习曲》，李斯特的《匈牙利狂想曲》。

我们甚至买了新钢琴，最漂亮的斯坦威B型钢琴。它绝对物有所值，斯坦威确实是世界上最好的钢琴。毫无争议。而它们的价钱也反映了这一点——我们要靠贷款才买得起（叫人吐血的5万5千英镑），它被端放在起居室，是我拥有的最有价值的东西。

我每天会花数小时练琴——以正确的方式；慢慢地，有条不紊地，眼明心亮地，直到以弹完全曲犒赏自己，花几分钟站起身，看着外面行人走过（出于尴尬我会把百叶窗拉上，但还是会从缝隙中窥视他们）。我们有个保姆，会在我每天练琴时照看杰克，然后我们就会像一家人那样一起做饭、散步、玩耍、外出消遣。这感觉几乎如此可靠。我脑海里的声音减退了，音符和音乐取而代之，允许我能够有些空间来更有效地运转。生活不那么脆弱了一点儿，更舒缓而轻松了。这方法看起

1 肖邦F小调第二钢琴协奏曲，作品21。

2 贝多芬C大调第21钢琴奏鸣曲，别称“华尔斯坦”或“黎明”，作品53。

3 贝多芬C大调第30钢琴奏鸣曲，作品109。

4 肖邦降A大调幻想波罗乃兹，作品61。

5 肖邦F小调幻想曲，作品49。

来行之有效。

杰克依然是个奇迹，学习着走路、讲话、放声大笑和抓取东西，依然是我此生见过最美丽的事物。起码从表面看起来我拥有了一切：一位美丽、支持我的事业有成的妻子和一个完美的孩子，一间两千平方英尺（约合185平方米）的居所，一个巨大的花园和一架崭新的斯坦威，有时间和空间去追求我梦想的职业，银行里有不少积蓄，豪车，好朋友——从表面看这就是完美的人生了。

还有很多东西是我想要的：不用打到第五天且不是平局的板球比赛[1]；对心理健康机构和强奸危机处理中心大幅增长的关注和资金捐助；六块腹肌；肯德基外卖。

但是最重要的，我希望自己能够满足于一切看上去的样子，而不是它们真实的感受。我希望我能看着自己的生活，说："没错。搞定了。尘埃落定了，放轻松，好好享受吧"。我如果没有脑子一切会变得多么简单啊。本应明显改善症状的办法，比如新认识的姑娘、更多的钱、新房子，或是度过一个该死的假期，功效都很短暂。很快就会越来越难以说服自己一切不同了，而在不久之前我那还沉默着的大脑里的伙伴们又回到

1 板球比赛是一项起源于英格兰、盛行于英联邦国家的体育运动。板球比赛时间长短不一，国际板球对抗赛的一场比赛每天进行六小时或以上，并长达三到五天。

我脑袋的前景中，让我知道自己有多失败。

我儿子出生时的那种焦虑感又回来了，我的手冰凉，污秽又黏滑的东西从后面爬上了我的后颈。这操蛋的玩意儿就是不肯放过我，无论我多努力地尝试远离它。几十年来这巨大、肮脏的，已然成为污点的东西一直就围绕着我，好像一头充满恶意的流浪斗牛犬。

再一次地，钢琴也开始攻击我，学习这些壮丽的新曲子的光芒开始变得黯淡，取而代之的是持续的、对自己无力将它们弹得完美的自我批评。我越来越沮丧，日复一日，我的世界愈发天旋地转，就像有人在我的胃里打开了一只慢慢沸腾的开水壶，而我的头脑也渐渐变得越来越热。我不确定发生了什么或是为什么会这样，我只知道情况有些不对劲。

当这一切发生的时候我担任成年人、丈夫、父亲、文明人的角色面临了挑战。我一直坚持着，尽可能长时间地挂在自动挡，但是我正在打一场必输的战争，而我明确知道这一点。只是时间的问题——而不是会不会发生的问题——一切终会鸡飞狗跳。

讽刺的是，鸡飞狗跳的情形始于我第一次求助。我越来越表现出无法如自己想要的那般，或是如我的家庭需要我的方式去履行自己的职责，我已成功地让自己的妻子置身事外了很长时间——这么做其实并不困难，当转了行、工作最后期限、购置新房，还有一个蹒跚学步的小孩子被扔到这混乱里时。我过去确实有好几次间接地跟她提到了虐待，但并没有讨论或是真正承认过发生的事。无论诚挚的爱情在一开始是否确实存在，此时要么全然消失了，要么（更可能是这样的）被埋藏在否认、没完没了的得失算计和自我迷恋之下了。

我能够应对苦难，但最终我无法接受我的家人要为此付出代价。于是某天，我在网上查了查，看到了一家专注于帮助男性性侵幸存者的慈善机构。不知是为什么，但我打电话给他们了。可能只是无聊吧，也可能我病了，很疲惫而又厌倦了生病。也许这也是最后的、绝望的尝试，想知道是否有什么可以挽回的，或是有什么能叫人承受得了。

他们的总部在伦敦桥一带，第二天他们向我提供了一个保密的会面机会。而最大的问题，依然是，“如果我知道将要发生的是什么，我还会去吗？”应该不会。

我去了（提前了两小时，就像往常一样），也最终被请入标准的“心理医生”办公室，彻头彻尾的宜家家居风格，有两张很舒适但并非过于舒服的椅子，在它们中间有一张低矮的咖啡桌，上面放着纸巾，柔和的色调，墙上有俗气的海景贴画。一位有着可想象得到的可爱脸庞的女士就在那儿。开诚布公、和蔼可亲、充满关爱，又毫无偏见。我决定绕着这个话题兜圈子——不谈论任何太私人的事情，把心里的那道墙竖起来，结果却是一切都喷泻而出。30年的压抑从我口中倾吐出来，从开始一直到结束。每件事情的每个细节我都能记得。我没有与她有哪怕一次眼神接触，只是像一个要去参加试镜的演员，那个角色是“自闭、精神失常、感到羞耻的强奸受害者”。而在此之后，我记得的唯一一件她对我说的事情是，“你告诉你妻子了吗？”这一建议对我来说陌生得就好像要求我去接受在月球行走的训练一样。

“我当然没告诉她！”

（遭到质疑）

“为什么不告诉她？”

“你有病啊！为什么我他妈的应该告诉我的妻子？”

“因为她是你妻子。当你开始坦白了，路将会越来越难走也越来越狭窄，而你需要得到尽可能多的支持。”

（无法理解的注视）

这是另一件他们没告诉你的事。一旦开始谈话你就完蛋了。紧闭双唇发誓不将秘密告诉你的行恶者一直都是正确的。因为你不能再把话放回自己的小盒子。这就像是用柳叶刀切开沸腾的物质，只是出现的看起来是无止境喷射的脓、胆汁、有毒废物，它们不会减少或减轻，却会在强度和体积上增加，直到你他妈的被淹没在里面。

“你应该告诉她。你应该今天就告诉她。你应该向她寻求帮助。”

我把过去告诉了一个陌生人，她保证会为我保密（我起码确认了12遍），没有给她我的真名，或是可辨别的学校、老师的名字。而此时，显而易见，我必须把那些自己花了整个人生来封锁和藏匿起来的事情告诉我妻子。

问题是我觉得她是对的。不是因为我觉得自己需要支持，而是这事已经纸包不住火了，就像悬崖蹦极，一旦你离开悬崖便不再有回头路了。我正处在自由落体的状态，而简则是我潜在的降落伞，我知道，绝对地知道，我是真的处于危险之中。如果你花了够长的时间想着你会因说出了自己的秘密而死，你最终就会这么相信的。如果一个强奸犯一遍又一遍地告诉一个5岁的孩子如果他把发生的事告诉任何人，多么骇人的事就会发生在他身上，那么这也是会被吸收，无疑会被作为绝对的真理所接受。我告诉了别人，时钟又开始走了，我没时间了。我比预想得更糟糕。无论从哪方面看，我此刻都是一个扮演成31岁成人的5岁小孩，毫无防备，没有可以依靠的掩饰，没有出路，只能走下去。

我给妻子发了短信，邀她当晚在一家我们都喜爱的餐厅见面。我到那个地方时感到湿冷、恶心、已经因为糟心事而病了。因为我知道我将要告诉她的事情会彻底地摧毁我们，她无法给予我所需要的东西，我甚至不知道我需要什么。我感觉就像个背包里装满C-4炸弹的人体炸弹，正要把一群无辜群众炸飞，又无法退出。放松，我知道它们不是一回事情。但是感觉有时就像是奥斯维辛，哪怕现实中它们靠近的是巴特林斯度假村[1]。真正的同情来自在任何情况相信他人所体察到的真实感受确实属实。哪怕这对你和其他所有人来说都显得不真实。而这种恐惧感对我是真实的。这就是我的现实，无论它看起来有多么扭曲。

她知道有什么不对劲。我看起来糟糕透顶，不敢看向她的眼睛。然后就这样，当她问我出了什么事的时候，我就对她讲了出来。冰冷，尘封许久的事实。我当时、当场就知道我们完了。那个该死的家伙不仅毁了我，还在25年后毁了我的婚姻。

关于我妻子还有一些重要的事，她曾经、现在都是最可爱的女人。她能够展现出令人惊愕的善良和同情。而我知道这是一种“不能”而不是“不愿”的情况。她只是真的无法以能够挽回事情的方式来回应我。这就像是当身子被手榴弹炸飞之后再拼装归位一样。哪怕有着这世上所有的善意，这也不可能发生。我们离开酒店，一路静默地开车回家。我坐在儿子的房间里，看着他4岁的小小身体，只能大哭起来。

---

1 巴特林斯（Butlins），英国大型连锁度假公司，在英国有靠海的三个分部。

第十曲

李斯特，《死之舞》

钢琴：塞尔吉奥·廷波[1]

李斯特是那个让钢琴演奏会变成要全程背谱的讨厌家伙。此前从未如此——音乐会曾是不同作曲家和不同类型音乐的融合，演奏者们一直都看谱子演奏。但这位19世纪的摇滚明星，钢琴界的帕格尼尼[2]，今天的基思·理查兹[3]，打破了钢琴演出漫长、看谱演奏的传统，取而代之的是弹得比之前任何人都更快、更响、更猛烈，也更暴力。他为钢琴创作了离经叛道、极高难度的作品：把所有贝多芬交响曲改编成独奏钢琴版本，基于当时流行歌剧主题的炫技作品，一堆从来不可能弹得对的

1 塞尔吉奥·廷波（Sergio Tiempo，1972— ），阿根廷钢琴家。

2 尼可洛·帕格尼尼（Niccolò Paganini，1782—1840），意大利小提琴家和作曲家，由于对小提琴技巧飞跃式的探索，人们传说他将灵魂出卖给了魔鬼。

3 基思·理查兹（Keith Richards，1943— ），英国摇滚乐手，滚石乐队的创始成员之一，曾担任吉他手。

练习曲——除非你是个不折不扣的机器人。

这个神童很快摇身一变成拈花惹草、富可敌国的公众人物，一切变得有些棘手，在几段风流韵事并因此而产下孩子后，他在46岁时成为牧师，加入了圣方济各会[1]，继续弹琴、写作，直到1886年以75岁高龄逝世。

除了两部钢琴协奏曲，他还写了其他少数钢琴和管弦乐队的作品，其中之一名为《死之舞》。他对死亡有轻微的着迷，常常去巴黎的医院、救济院甚至监狱地下室见那些被判死刑的人。他的很多作品也与同样的主题相关，而这部作品——这个极为可怖的长达17分钟的钢琴震怒之作是基于著名的《末日经》[2]——这一死亡主题被大量作曲家沿用，最著名的包括拉赫玛尼诺夫、柏辽兹。

这一版本是塞尔吉奥·廷波的现场演奏，我真是从未听过如此华丽铺张的演出。他有一双不可思议的手，毫无恐惧，对自己想要表述的一切坚信不疑。真叫人惊讶。

1 圣方济各会（Franciscan Orders），罗马天主教于中世纪创立的托钵修会之一，提倡清贫生活，将所有时间和精力投身于宗教工作。

2 《末日经》（*Dies Irae*），意为震怒之日，源自中世纪的拉丁圣咏。描述的是末日来临，最后的审判之日天降神火，人们哀号，祈祷上帝的宽恕。

事后想来真是一清二楚。我现在能明白自己把一个陈旧、剧毒的秘密泄露了。我把妻子带入这种处境中（未经她的准许——她在表面上嫁给了一个得体、身心健全、可靠的正经人），还雄心勃勃到荒谬地换了份工作，而我们的儿子才4岁。我他妈的到底以为会发生什么？

这是对虐待受害者们的另一个警告。显而易见，当你的孩子长到你被虐待的年纪的时候，你的世界很容易再次完全偏离原有的轴线。我之前不知道，我的心智却知道。我被偷袭了。在我心中有些东西紧紧攥着我，穷凶极恶地想要展露头角，而我再也藏不住了。这感觉就好像我的精神像是一台电脑，我把它逼得太紧太久了，所以它就崩溃了。我的脑袋真的发烫了。这是最怪的感觉；并不令人愉快，而是非常可怕。我正四处搜寻着可以修复它的方法，但它们都是暂时性的。

我知道饮酒、吸毒是一个选项。我也知道如果我这么走下去会死掉（死得其所），但是更重要的是我大概会毁掉那些我爱的人。

而此时，当我渴望某种介于自杀和谋杀的东西，我找到了剃须刀片。

我做了在我的处境下任何自尊自爱的人都会做的事——去网上找解决眼下麻烦的办法。在那里，我找到了神奇、疯狂的线上论坛。以匿名、无须对话、基于文字、污秽的化装舞会的形式寻求帮助，但那不过是些神经症患者、变态狂、重口味性爱爱好者、怪癖症患者们的发泄口，他们从此处通向世界，希望能够找到自己并不是“永远孤独”的感觉，希望找到比自己处境更糟糕的人。其中有个网站是讨论自残的，他们的语气就好像这是件坏事情——虽然他们非常乐于再做一回，可是又会对自己生气，希望自己能停下来。我此前所听说的是自残往往与青春期的女孩子有关，我从来没有试过。

但反正一切都令人痛心，于是自残在那时看起来是不错的想法。于是以你能想象的最老套的方式，我抽身去附近的药房买了五包威尔金公司的剃刀，以及一些绷带。

本书的这部分大概会促使任何有相仿经历的人产生共鸣。所以请跳过这一段或是给你的朋友打电话。在你对我要分享的一切做出过多评判之前，我先对划开自己的胳膊这一举动稍微说两句。

自残是一剂灵丹妙药。它在英国已经大范围流行起来，英国也是欧洲自残率最高的国家。我们所需的并不是餐前小吃和午睡，而是小巧的、有尖锐边缘的金属物体，附有润滑条。

选择它的原因是它方便、立竿见影、行之有效，能与之相媲美的只有海洛因（注射而非吸入）和吸食可卡因。它完全叫人停不下来，无毒副作用（如果手法得当），花费几乎可以忽略不计，任何地方都能实施，只要你小心藏起刀具（如果你家厨房抽屉能关上，那也可以）。

它具有和非法毒品一样难以抗拒但“安全”的因素（仪式感、意志控制、感到被拒绝、孤立、想逃离，基本就是那种“全都给我滚蛋”般的愤怒），再加一些自我憎恨、自觉不会被逮捕（除非你非常不走运）、更强的控制感、一种对愤怒更健康（才怪）的表达，以及能对世界尖声叫出而不是大声说出你正处于水深火热之中的可爱感受。还记得想要说出学校有人在欺负或虐待你，而又不能说的感觉吗？把那感觉放大百万倍，再设想你可以回到那时，在那人身上不停地放火，强迫他们看你砍下他们家人的头，在他们被缓慢烧死的过程中手舞足蹈。这些，都可以通过一英镑一盒的威尔金剃刀和20便士的绷带获得。

这就是为什么想要停下，以及把它看作坏事会是一场必输的战争。像这样的事永远不会也不能用谈话、精神健康慈善广告、候诊室的传单和好意的老师应付。它太管用了，报偿是如此丰厚，内啡肽分泌得太旺了。

这是一种常规、持续、有效的应对机制。它就像1970年代并非那么见不得光的安定[1]一样风靡。最早参与这项行为的人被灾难性地误解、误诊、虐待了。自残并不是自杀倾向的信号。它并不表明对他人的威胁。它并不表示你正常运转的能力减弱了。罗素·布兰德[2]、约翰尼·德普、科林·法瑞尔、阿尔弗雷德·金赛[3]、席德·维瑟斯[4]是少数曾使用过它的知名度较高的男性。女性使用者的名单要长得多。

它不是只有骨瘦嶙峋的青春期女孩子才会做的事情（但是她们中沉溺于此的人实在太多了）。它是当我们东奔西走却未被听闻，当我们无法赶上当代生活的步伐和节奏时的一贯反应。身处其中，无论男女，我们必须为人父母，用无法维持又不可能增长的模式谋生和赚钱。而如果你终于获得了什么成就，奇怪的是它并不会带来任何一丁点的变化。我们依然感觉卑鄙破败，总是缺失了点什么。

---

1 安定（Valium），精神类药物地西泮片（Diazepam）最著名的商标名。地西泮片除医疗用途的抗癫痫、焦虑、镇静等作用，也具有使人兴奋、产生幻觉等作用，大量服用会产生依赖，停药时可出现脱瘾症状。

2 罗素·布兰德（Russel Brand，1975—　），英国喜剧演员、电台主持人、作家。

3 阿尔弗雷德·金赛（Alfred Kinsey，1894—1956），美国生物学家、昆虫学和动物学教授，人类性科学研究者，他的研究常被认为与1960年代的美国性解放有密切联系，有与人合著的、著名的《男性性行为》和《女性性行为》，统称“金赛报告”。

4 席德·维瑟斯（Sid Vicious，1957—1979），英国摇滚乐手，性手枪乐队的贝斯手，21岁死于过量服用纯度较高的海洛因。

但是那天我找到了良方，一个让自己感到不那么糟糕的方法。

我回家时家里没人。简带着杰克一道出门了。当我在卫生间地板上摆出小巧的切割器具时，我不停发抖，盘腿坐着。我盯着自己的胳膊，想着从哪个胳膊、哪里开始。我认为左前臂是下刀的好地方。于是我脱下T恤衫，打开并拿出一把单装的刀片。它闪闪发亮，看上去有点吓人—— 平滑、柔韧、小巧，锋利得匪夷所思。我把它按下到皮肤里，再调整它的角度，向上并向内，用力把它在血肉中划过大约一英寸（约合2.54厘米），按下去。一开始没什么感觉。没有痛感，什么都没有。然后大概过了一两秒钟，皮肤真的裂开了，血液奇迹般地出现了，痛感穿透我的身体，血肉模糊。血不断涌出，远比我想象得要多。我彻底错估了所需的力气。绷带不起作用，所以我抓起一块浴巾用上了。我开始慌了——白色瓷砖的地上布满了血，毛巾浸透了，我完全不能感受到那种快感。我完全搞砸了。

我打了电话给我最好的朋友马修，因为他和他的妻子是对神医组合——他是个心理学家，她是离我家开车距离大概就十分钟的一家医院急诊室的头头。当然，马修来了，开车送我去他妻子的医院，和她低语了几句，给我行了个方便，避开了心理咨询和在那儿排着长队的醉酒的可怜鬼们，她友善又温和地冲洗了伤口、缝了针、做了包扎，并送我出了门。

我使尽一切花招让他们不走漏风声。不质问我，或打电话给我妻子，不和我一起回家，或是没收我的刀片。我使他们相信这是我第一次这么做，以后再也不会发生，我只是因为惊恐而犯了个大错。当然了，这就是好朋友该做的，不是吗？他们很宽容，不再跟着我，留下我和作案工具，去做自己的事了。我回到家，清理完地板，又试了一次。这回力气小了些，我对细节更加关注了。这回效果完美。三英寸（约合7.6厘米）的口子，没有深到要缝针，没有浅到让疼痛感消退得太快。正正好好。感觉就像嗑海洛因一样兴奋。只是感觉更清爽。那种又倒在卫生间地板上的感觉，满足、精疲力竭、兴奋不已，就是我想要的一切，我想要更多。

自残这件事——它不仅能让你兴奋，还能表达出你对自己和世界的厌恶，可以自行控制疼痛感，享受仪式的过程，以及内啡肽的分泌，以下三滥但果敢的方式对自己施暴，不会伤害到自己以外的任何人。这感觉就像一场龌龊的婚外恋，但既省下了开房钱，也没有背叛你的妻子，还不用为了掩饰行踪而清理手机和邮件。

它很好地发挥了作用。我终于找到了一件事——尽管是暂时的，能帮我更好地运转，让我更可靠、更经常出现在家人面前，好像戴上了面具。它成为四分五裂的生活中每日的缓刑，让我在面对外界时有更大的力量，表现得更像一位丈夫和父亲。但是，哪怕我在自残，这力量也没强大到能够除掉环绕在我身上的奇怪、不对劲的招人厌恶的气息。

把杰克送去幼儿园后我会弹琴，在练习的间隙我就割破自己，傍晚我会去接他，再像正常家庭一样一起度过晚上。感觉上是精神分裂般、奇怪又错误的，但我无法摆脱。

我有种扭曲变形的心态，严禁我去享受一切，除非它们是被禁止的。唯一的例外是吸烟，所有其他带来快乐的事都伴有羞耻感。性爱——遮遮掩掩，在没有灯光的情形下偷偷进行；钢琴——关门，关上百叶窗，从来不在人前弹琴，除非他们已经买了音乐会票；毒品——一个人在脏兮兮的房间里不受干扰地嗑药；自残——在上锁的浴室里；吃东西——通常都快速、迫切地在厨房解决，逃避窥视的眼睛；花钱买好东西——背着妻子偷偷地，在网上下单而不通过店员，通过邮件匿名寄送，顶多有个多管闲事的邮递员；抱着我的儿子——在夜深人静的时候，独自在他的房间，他的呼吸让周遭一切都不复存在。

生活是暂时的、危险的、充满敌意和挑衅的。而我也视情况而应付一二。我本应该立即摆脱它的。我该致歉，签字离婚，小心翼翼地把自己从各种关系里剥离，离开这个国家，在远处重新开始，这样我或许能有相对平静的几年时光。但我没有。恰恰相反，我决定开始筹备我的第一场公开音乐会。

这是个不错的想法。正当一切看起来要分崩离析的时候，四处都充满了压力——要让婚姻继续下去，要做这颗星球上最好的父亲，要像个天才那样弹琴，要做个顶天立地的男子汉——我决定再要加上这一项。向那些我身边最亲近的人以及自己展示我不是个完全无用的人，我一直在努力的事业现在终于有了成果。

我找到一家可以租用的音乐厅场地，在泰晤士河南岸，有大约400个坐席，与皇家节日大厅[1]只有一步之遥。还有一家可以与之合作的儿童慈善机构（这样可以避免来看我演奏还要付钱的傲慢印象，也可以假装我在做一件有那么点儿高尚又无私的事情）。我定下了几周后的一个时间。

我的音乐会曲目非常吓人——三首分别由巴赫、贝多芬和肖邦创作的大作品（钢琴音乐中的三位一体），大概有12万个音符要记，每个都要用正确的指法，要有正确的触键、踏板、音色变化，一直都要对哪些音出现在前面哪些音出现在后面有高度自觉，它们会融合成一整个光辉的整体，由钢琴发送到等候的听众那里。真是有太多事要兼顾了，特别是对于像我这

1　皇家节日大厅（Royal Festival Hall），位于英国泰晤士河南岸，有2500坐席的一个举办音乐会、舞蹈、演讲的场所。

样第一次开音乐会的人。大多数钢琴家——实际上是所有钢琴家——都在他们9岁或者10岁的时候就公开表演过了，在亚洲的话年龄更小。我则过了31岁。我对舞台表演的紧张毫无概念，也不知道什么表演实践，呼吸，如何应对观众的噪声，以及在这样的严重情况下如何集中注意力。我连看一集《东区人》[1]都够呛，总是忘记剧情。

音乐厅里人头攒动，我不知道为什么。朋友们来了，朋友的朋友也来了。音乐厅一定也给会员发了邮件，因为也有很多陌生人、音乐爱好者、路人，几百号人挤了进来，最后一分钟进来的人搜寻着哪儿有加座。我在后台紧张得想吐。亮灯了，观众席最后一声咳嗽，这种特别的噪声在全世界的音乐厅里都意味着观众们已经准备好，开始期待某种超越言语的东西。然后，我走向舞台。

心理医生经常提及找到自己安全的地方。这是一个你可以在脑海里找到的，让你感觉良好、身心放松的地方。可能会是某人张开的怀抱，一片最喜爱的沙滩，孩童时代的卧室。我现在知道我的安全场所是什么了—— 一贯地，坐在三角钢琴前，单个聚光灯投向琴键，其余的空间则是彻底的黑暗。在我

---

1 《东区人》(*East Enders*)，英国肥皂喜剧电视剧，从1985年在BBC一台播出开始，一直播放至今。

的视野中只有黑白色、有88个按键的键盘，以及，如果琴盖中央有拼写出“斯坦威”商标的金色字母，就更好了。

真他妈的该感谢这一切。因为在颤抖着走上台，坐上琴凳的时候，我感觉不同了。我开始发挥出良好的状态。不必魂飞魄散，不再感到屁股里的剧痛，不再有血泪以及铁铅般沉重的双脚。这太棒了，就像有四只手，我赤身裸体地，给我来了场来自巴赫的热石按摩。所有的事似乎都同时发生，但又慢了下来，我所有对时间的焦虑不复存在了。在音符与音符之间存在着无限的空间，我手指引发的声音充满敬畏感（并不是指我弹得有多好，而仅仅是我在这么做的事实），有种回家的感觉。这感觉一定就是斯汀[1]热烈吹捧密宗性爱时所讲述的那种感觉。

音乐会进行得很顺利。有个别错音，但没有严重地记谱失误（我还保留着这场音乐会的录音），恰到好处的整音（旋律得以准确呈现），我对已经被演奏了几个世纪的作品有了新的理解。我意识到小时候那些关于开音乐会的幻想——那些在我脑海中使我继续活下去，并让我感到安全的幻想是准确无误的。它确实有那么大的力量。而我知道我想一直做下去，无论发生什么。

1　斯汀（Sting，1951—　），英国歌手，原警察合唱团的主唱。

演出之后我们举办了一场盛大的庆祝晚餐。我被友善相待，就连埃多也对我很好，他特地从意大利坐飞机来，说着赞美的话。我的妻子给我献上鲜花。我们吃的都是中式点心。我的肾上腺素分泌水平高得像钉子般突出，然后猛冲，还翻了个侧手翻。那一晚我无法入睡。现在，有了几年摸爬滚打的经历，也开了好几百场音乐会之后，对我而言这变成再正常不过的事情。但是那时呢？就好像第一次与人做爱，而对象又正是你精神上的双胞胎。比热烈更兴致盎然。会获得巨大的快感，远超过海洛因、自残和其他任何有破坏性的事情。这是一场针对我个人的、秘密的涅槃。

在接下来几周时间里这感觉都一直存在着。我还是经常性地躲着简自残（长袖T恤帮了大忙）。我依然全力应付着我头脑里不能理解也不受欢迎的声音。但我本身依旧运转得足够好，依然享受着我第一场音乐会带来的某种余晖。我尝到了某种令人感觉不朽的滋味。现在回头看看，在音乐会之后的数周里我感觉就好像走在钢丝上，几乎全然无视底下等着我掉下来的一圈鲨鱼。我的生活围绕着我的儿子、我的钢琴、我的剃刀，以及尽最大的努力去让我妻子和这世界其他人相信一切都好。

在不想太多这方面我做得不错（做起来比听上去要困难），我还致力于其他的目标。在很短一段时间里，除了自残，我们看起来还有希望。

我并不认为自己能够理解接下来发生的事情。表面上这一切好像是转向新事业的完美跳板。我可以找一个经纪人，开更多音乐会，使自己在这个奇怪又美妙的音乐世界里稳步向前，闯出自己的一片天地。我的生活本可以继续由音乐会、练习、陪伴杰克、经营我的婚姻组成。这本是很美好的。按部就班同时又无比非凡。我本可以放下剃刀，好好找个心理医生，想办法应对存在更大隐患的心理炸弹，一步一个脚印地度过每一天，缓缓过渡到好生活中去。

并没有——绝对没有任何事情——阻挡着我。老问题了——这就是为什么指望有人对像我这样的人存有耐心如此困难。在我面前有两扇门。一扇清楚地标记着“美好生活”，另一扇上写着“地狱”。我不仅径直走向了通往黑暗的那一扇，而且吹着口哨，目不斜视，坚定地撩起袖子。我昂首阔步得像个史上最大的自大狂，走向了世界末日善恶大决战。

第十一曲
勃拉姆斯，《德语安魂曲》，第一乐章

指挥：赫伯特·冯·卡拉扬

在作曲上，勃拉姆斯既是个守旧派也是个革新者。他曾是奥地利音乐界的领军人物，但是并没有卷入浪漫主义作曲家们的论战中，比如李斯特代表了更彻底革新的创作方式，而瓦格纳则坚持一条更为保守的道路。作为神圣“三B”中的一位（其他两位是巴赫和贝多芬），如今他依然是我们在音乐上的先辈，他的交响曲、钢琴协奏曲、室内乐和钢琴作品一直都是主流音乐会的常规曲目。

他小时候家里实在揭不开锅，所以被迫在“舞厅”（其实就是“妓院”）弹琴赚钱，很可能就是在这一时期发生的什么糟糕经历导致他长大后无法与女人发展任何严肃有益的关系。然而，他对罗伯特·舒曼的妻子克拉拉情有独钟。从罗伯特死后勃拉姆斯就赶去与她同处，以及他们俩都销毁了大量给对方的信件看来，这些事实都暗示了他们之间确有不可告人之事。

1865年，勃拉姆斯的母亲去世，沉浸在悲恸之中的他创作了《德语安魂曲》，成为他直至今日最著名，也是最常被演奏的作品之一。它首演的情况稍许有点邪门，定音鼓演奏者把力度记号“很弱”看成了“很强”，声音压过了其他所有演奏者，但从那时起，它便成为勃拉姆斯最常被表演，也是最受赞赏的作品之一。

有太多关于宗教性的悲伤这一主题的表达了，而这首作品和莫扎特、弗莱的安魂曲一样，在音乐史上，在这一体裁中有绝对至高无上的地位。

某个晚上，我的妻子环抱着我。十分平常。当然也是令人愉悦的。那个下午实在压力太大，所以我又自残了。我的频率是一周一到两次，但这个伤口是新鲜的——因此，当她的手触碰到我手臂的时候，我退缩了。完全情不自禁。她问我出了什么事，我慌神了，当说出“没什么”的时候她完全不能相信，谎言的重量沉淀在空气中，她要求（而不是询问）我给她看我的手臂。于是我就给她看了。我厌倦了有事藏着她。我依然记得她和我第一次约会那天的情形，她曾是那么友善，我们的关系看起来是那么坚实，那么不可动摇。这些都不会凭空消失，无论我现在变成了多无耻的混蛋。

于是我脱下衬衫，露出伤口给她看，她实实在在被吓到了，完全被吓得魂飞魄散。我在上臂用剃须刀刻了“有毒”（toxic）这个词。

我知道。这是小孩子的做法，非常情绪化。但是那就是我所感受到的，而且用剃刀刻下的字体很炫酷。但她把这些想得比我严重得多。我可以看到她的愤怒，而在愤怒之下是爱、关心、善意和恐惧。她要我一定要去找专业人士寻求帮助，当然，我同意了。她没有听信我那套“这并不是你想的那么严重”的常规说辞。她给了我一周的期限——又一个秘密大白于天下了——我开始恶性循环，越转越快，失去控制。

我睡不着。动不了。吃不下。不想说话。大致就是“俯卧床上，双目呆滞，头脑发热，一塌糊涂”。当是这副样子的时候我就终于不再关心任何事情了。不会再有更深程度的自我厌恶和羞耻感了。在心底，一切都崩溃了。这感受同时聚合了兴奋、释放和精神折磨。就好像是接连起我内心，使一切井井有条的链条突然断开了——任何在表面上去做正确的事、做一个体面的人的想法被巨大的冷漠感一扫而空。

我接受了一切都徒劳无益的想法，自此下定决心要自杀，可正因接受了这一点，我感到不可思议的解脱。

想要自杀这个念头的好处是能带给你打定主意的感觉。有点儿像是在流沙里艰难跋涉几年之后突然有了一对翅膀。同时，潜心于计划也极有乐趣，就好像为你所爱的人做一个音乐播放列表——需要注入很多的想法，你会因为它最终将变成什么样子、他们将如何反应而感到非常兴奋，你会和享受最后的成果一样享受制作的过程。

我觉得跳楼或者上吊是不错的选项。天杀的，互联网真能在这方面帮大忙啊。有一大堆的网页能告诉你从多高的地方跳下去、合适的地点、要避免什么、怎么做最好。我甚至找到了一个为那些想要上吊的人提供的身高体重图解表——确保掉下去的高度对某个人的体重正正好好，不会让人陷入昏迷，或是在做了这档子事之后还能动弹。太好用了。

在我忙着计划的当口有个朋友打电话给我。史蒂芬。他是个了不起的家伙——15岁时从威尔士矿区小镇辍学，完全没有文凭，16岁时为一个大牌英国摇滚乐队在麦迪逊花园广场[1]的演出伴奏，门票销售一空。20年后，在浑身布满刺青，依然没有任何文凭的情况下，他决定要当外科医生，被哥伦比亚大学医学院录取，干得热火朝天，到现在——令人难以置信，

1 麦迪逊花园广场（Madison Square Garden），位于美国纽约的一座体育场馆，也是演唱会、政治活动的重要举办场地。

真的就成了外科医生。几年前我们关系非常好，直到他搬去纽约，我们就失去了联系。他在很糟糕的一天逮到了我。我试着讲了个关于找栋楼跳下去的笑话，又改了口，没想到我能成功说服他自己是在开玩笑，把电话挂了，往自己脸上揍了一拳。我想简一直都和他保持着联系，让他不时联系一下我。

我再次读到这里（本该把这活留给我的编辑），我意识到了那道引导我的光。这简直是教科书式的自恋和自我怜悯。我现在发现了。但是当你身处其中，好像深陷在这一堆纷乱之中，这些情绪看起来这么真实，看不到全局。现实中没有抑郁、伤痛、创伤后压力综合征，或是其他什么病症的空间。我的世界坍塌了，只留有我和我的幻想、自负的空间。没有其他的选择余地，只有把我自己移除出这世界；对自杀最危险的误解就是对那些考虑自杀的人而言，它一直是一个有效的选择。其实，选择自杀的感觉有点像很多天没有吃东西饿到不行的人突然到了一个饭店，而那里只有你非常讨厌的、哪怕过几百万年你都不会去吃的食物，但是这就是仅有的选择。你点这道菜，吃了起来，用手尽快地把它塞进嘴巴，在快崩溃前你不会停下来。我见到自己处境的事实，以及我发狂的脑袋，正要动摇我自满的根基，直到所有基本选项、所有余地都不复存在。

在执行计划的前几天，有根救命稻草被扔到了我跟前（我的姻亲们从美国来几天，感觉应该等他们到这里，这样起码在出了事之后还有人支持着我的妻子）。我去了一场酗酒者互戒会，这是我的一项日常安排，当我回到家的时候，简和我的好哥们马修在等着我。显然，史蒂芬对我们电话谈话的汇报让他们担心了。

我不想过多谈论酗酒者互戒会，因为AA里的第二个A代表的是匿名。但是我还是要说说我的经验（19年来滴酒不沾，但依然会去参加常规见面会），这是最简单也最有效地帮助人摆脱酗酒问题的方法。互戒会是个伟大的发明，能帮助人每天都创造奇迹。但是它也是建立在成员之间一定程度的诚实的基础上的，尤其是对自我诚实。尽管人不可能一直都诚实；但只要有停止酗酒的意愿这一点就已经足够。但是我去互戒会与人聊天，在一定程度上，是怀着根本不诚实的态度的，这让我无法痊愈。我生理上清醒着，脑海里却是另一回事。因此，除了不喝酒，我并不是个乖孩子，错过了其他人在互戒会中摆脱自己的心魔的机会。然而我知道——如果再开始喝酒的话，我真的会死了。因为，喝醉时自杀比清醒时容易得多，对此我毫无疑虑。正因此，我欠互戒会一条命。现在，此刻，我重获了只可能来自惨绝人寰的人生低谷中真正的诚实，我必须承认我心中的平和也是互戒会给的。这是最好的东西。

刚从一个互戒会起身，我又被我的妻子和最好的朋友小心翼翼地问候了。他们告诉我他们到医院咨询了针对性侵的项目，并且建议（应该是说“如果你不去的话我们无论如何也会把你绑去”）我明天过去，与接收小组见个面。他们完全不知道我已经选好了我要跳的楼，写好了遗嘱，里面有电脑密码、银行账号详细信息和下葬仪式要求等内容。这让我无所适从。我可以对他们撒谎，明天不去医院而是去爬楼，或按他们要求的做。我愿意听他们的，那是因为我没什么选择了，如果还有微小的可能能找到避免永久伤害的方案，也许值得一试。

他们花数小时让我放心：杰克不会有事，他们会在我不在时把一切安排好，我的姻亲们也会在城里待上几周帮把手。我说：“好吧”。第二天早上我开车去了医院。

这场灾难只是刚刚开始。

我不知道是因为我是个混蛋呢，还是因为他们是毫不专业的无赖——但是上帝啊，这地方太恐怖了。他们吹嘘的那些专门针对性侵创伤的康复项目压根就不存在。有几个体态臃肿的“治疗师”，一群闷闷不乐的海洛因上瘾者因为国民健康保险制度（NHS）被强制送到这儿，一个几乎不会讲英语的精神病医生，还有一大堆规矩，字里行间充满了被欺凌过的继子般的欢呼——终于可以报复他们的施虐者了。

任何时候当我开口问问题，或是想知道是否可以去见医务组里更高级别的负责人时都被要求闭嘴，这是新兵营地的风格，我则被认为是惹是生非的人。我在只待了48小时后就决意要离开这里。我来这里时在后院里藏了一包剃刀，我把它取回来，又开始自残。可即便如此也没用。于是我打包行李，问他们要回我的手机、车钥匙和钱包（在来的时候被没收了）。他们说不行。就是不行。

我有点儿被逗乐了，说："说真的，我要把东西要回来，然后就不再打扰你们了。"

然后他们说他们会讨论一下，要我过几小时后去办公室。

于是我在这地方晃悠了一会儿，在午饭前我就走了。然而出现了一群我从没见过的人。医生、护士还有其他一些人，神色严峻，凶神恶煞。我咯咯笑出声，开玩笑说这像是要开始辅导了。什么反应都没有。一片死寂。

就好像是个成本低廉电视剧里的场景。他们搜查了我的房间，发现了那包剃刀（很显然"我只要出门就会带着"不足以构成理由）；他们告诉我全体员工和客户（"病人"不是个正确的称谓）一致认为我对他们产生了负面影响；他们认为我对自己或是他人而言都是种威胁，因此他们要把我送去另一家医院，在那里我能够得到"更有效的照看"。就这样，防护墙开始倒塌。

取消人的选择权能带来最大的恐惧。从10岁起，因为发生的事离开学校，我总有选择的余地。我本可以告诉别人，我本可以不那么放纵，我本可以寻求帮助，保持单身，求助于钢琴，不再吸毒，等等。我却一样都没做。我最终还是选择了求助于人。而到此时，自从我5岁被脸朝下推倒在体操垫上，被巨人般的重量压倒以来，我再次失去选择。我无法成功说服他们（尽管我试过了），我也无法用蛮力摆脱（我也试过了，尽管几个体格健壮的男性护工在我反抗时得意地笑着），我真他妈的什么也做不了。我被准许打电话给我的私人医生（每到他那看次病都要110英镑，我狂妄地以为他能解决这事情），但是他只说自己什么也做不了。我被要求把车留下。他们开车送我去了距离一个半小时远的另一家医院，途中我因为愤怒和沮丧哭了起来。

接收过程很吓人。我被要求服药——11年时间里第一次被要求服用药物。当我拒绝，就被强迫要求服下我都念不出名字的药。房间旋转起来，我的头脑开始漂移，一切都变弱，我睡了近乎24小时。

这家新医院完全是另一码事。对药物的使用百无禁忌。我完全被套在化学制品里，在开始的几星期里他们对我完全不管不顾。超过十年时间不用药，现在却被药灌到兴奋得不行是不悦、可怕、无法承受的。我的短期记忆立马就消失了——我会向同样的人一遍又一遍地自我介绍——我失去协调能力，总是在流口水、出汗。我全然变成漫画里“精神病人”的形象。

简和我决定不让杰克来看我——他不应该看到我到处磕磕碰碰、直挺挺朝墙走、无法集中注意力或是好好讲话的样子。我变成实验室小白鼠，精神病专家们急切地在我身上练习诊断和开处方的能力。几天后，我正式患上了：躁郁症、严重的创伤后压力综合征、自闭症、图雷特氏综合征、临床抑郁症、厌食症、分离性身份识别障碍、边缘性人格障碍、有自杀倾向。因此，我是被“恰如其分地”诊治着。

药是混蛋。惨状无法用语言形容。氯硝西泮、地西泮、阿普唑仑、喹硫平、氟西汀、曲米帕明、西酞普兰、文拉法辛、锂剂、曲马多和好多其他的药在一起，有些是同时服用，有些在接连不断地循环着，有些是组合着用，有些在晚上，有些在早上服用。我没得选择——如果我拒绝，他们就会强喂。

也有心理治疗（小组或是个人的），但是完全没有任何一个起到什么作用，因为我头脑不清醒，无法理性思考，没法思考。为了让我不再自残他们甚至又给我用了一种药。这个恶毒的贱货在大脑感应到疼痛时让它停止分泌内啡肽，所以如果我找到机会割伤自己的时候就会非常、非常疼，而且不会再感到有快感了。真卑劣。

一些待在这里的其他人挺吓人的；有个人发现我是钢琴家之后和我说他会一根一根地掰断我的手指。然后他就非常非常安静地站着，恶狠狠地瞪着我。我让他滚开他也一动不动。

于是我转过身，闭眼，告诉他我要数到30，在此期间他可以随便对我怎么样。他依然没动。孬种。

他们很彻底地把我搜了一通，没有任何东西可以让我去死了。一切感觉都加剧了——想到我对杰克所做的而感到歉疚，我的脑袋疼得厉害，我没办法离开，没办法待着，没办法思考、讲话、行动、做梦、幻想。我被困在一个奇怪又庞大的由医药公司赞助的地狱里。没有任何办法逃离。

于是我想到我已经是尝试以“健康的方式”寻求帮助了，显然没用。于是到了用我的方式一劳永逸地解决问题的时间了。这意味着继续找死。可在这么个有安保措施的精神病院里，在大剂量混合药物的效果下，寻死可不容易。

我有个精神健康护士（保镖）一直盯在我身边，甚至睡觉时也在。没有刀片、尖锐物品，不能跑去屋顶，药物被非常严密地保管着，上了锁。于是我发现上吊是仅有的选项。我知道每天凌晨2点左右保镖会换一次班，我知道电视有根很不错的天线电缆。所以在9点的时候我装睡等待时机。看守实在是无聊得要命，和他轮换的人来的时候他们聊了一会儿天。为什么不呢？对这个世界而言我已经死了，这正是半夜三更的点儿，而这家伙一小时只赚八英镑，理应想着更好一点儿的事情，而不应监视像我这样享有特殊照顾的混混。

他们在我房间外的走廊里轻声交谈。我跑去电视机那里拔下电缆。我偷偷钻进套房里的卫生间，站在马桶上，把电缆往上扔，穿过天花板上的通风口。我搞了个套索（和打一个双重温莎领带结没什么太大的区别），把自己的脑袋套进去，猛力扯了一下试试它是不是坚固，然后，从马桶上跳了下去。

上吊——它不会把你勒死。要点在于你是否计算准确，它会拉断你的脖子。这在0.6秒内就完成了，就像关上灯，眼前一黑，全剧终。要是我能有巨大而结实的房梁、四脚梯、合适的绳索、计算器、网络连接、封闭的环境和童子军的打结技术，事情应该是这么发展的。可惜了。我跌倒了，什么都没断（除了脑海里最后一点依然完好的肮脏念想），我看到许多奇怪的颜色，所有东西立马聚合、活跃，就在“那一刹那间”，而我立马就开始感到窒息了。这是在上吊过程中最糟糕的事。我下不去，无法好好重来一回；我知道如果有人发现的话我就会获救；随着时间的推移，我的大脑就会因为缺氧受到损伤，那时我就会永远（1）变得（更）弱智，因此（2）再也无法完成这差事了。

所以我真的就这么挂在了卫生间里，当开始丧失知觉时，门被推开，我的护工/保镖走了进来。他的眼睛看起来是往前突出了一两英尺，他的右手猛拍向墙，按响了应急开关，同时，冲向前，抱住我的腿，托住它们，把我举起来，大声求救。我完全不吃这一套，开始拳打脚踢，拼了老命地扭动，发出哼哼声，鼻涕从鼻子里涌出来，唾沫飞溅。我们就这么一道跳着混乱的萨尔萨舞，直到更多的护工跑进来，把我拧成其他各种姿势，直到把我制服了。

接下来的事就类似于“本尼·希尔[1]在精神病院”的戏码了——我掉进他们的怀里，他们放松了几秒，我穿着内裤、脖子上还缠着电线就飞奔出卫生间，就像是造作的时装秀，沿着走廊奔跑找出口，后面那些护工则都在追赶我。精神病院的大门肯定是锁着的，我抓过门旁的一盏大灯，猛力撞击。它纹丝不动，我看起来真是很傻，挥着灯转来转去，像是挥舞着《飞越疯人院》版的光剑，我以此威胁（越来越多的）护工们，命令他们在我面前散去。

我以一己之力赤手空拳对抗对方七人，为让自己穿过那道门用上了吃奶的劲、木头碎块、把自己挤成茧形。在外面的寒风中，我逃脱了整个安保团队的追赶，越过障碍，跳上一辆出租车迅速离开，只在夜空中留下尖细的声响。走的是杰克·鲍尔[2]的路线。

得了吧。在被按倒在地上前我大概就坚持了12秒，然后就被带去一间有人监视的房间，被迫吞下些可怕的玩意儿，径

1　本尼·希尔（Benny Hill，1924—1992），英国著名喜剧演员。

2　杰克·鲍尔（Jack Bauer），美国福克斯广播公司制作的动作惊悚类型电视剧《24小时》中的男主角。

直坠入一片虚无。

醒来后，我付出了代价。大量药物的“鸡尾酒”，与首席精神科专家深入严肃的谈话，被搜房间、搜身，不能和其他“居民”（同院病人）接触，独自在自己的房间里吃饭，洗澡也要被监视。

你难以想象那愤怒的感觉。我之前甚至不知道有这样的愤怒。一直憋着的怒气，累积了30年，现在终于能被释放出来了。

我还没有完。我身上起了些变化。一个新人开始掌控大权，他唯一的使命是要他妈的离开这里。无论要花多长时间，我都会奉陪到底。“好起来”，这他妈的什么意思，绝不会发生。我不能在这个地方自杀，我知道我要离开这里，另找个地方。

几天后我被带去见精神科医生。由于办公室整修，所以他的办公地点被改到离正门不远的地下室。这意味着我要被护送着（由更壮的男护工）走出上锁的病房，下楼。而万幸的是，当我在医生那间乏味但舒适的等候室等他时，我的护卫队返回了病房，只留下了我一个人。我不知道这是为什么。也许是通讯故障、一时偷懒，或只是有人要抽口烟，但这是我离开这里的大好机会，我毫不犹豫。我走得十分镇定，自信满满，走到大门，推门，步入阳光中。真的就是这么简单。我估算在有人发现之前还有大概七分钟的时间，我挥手叫了辆出租车，目的地是斯隆广场地铁站。

我付钱给司机（我有70镑的现金，用来在医院“礼品商店”买烟和其他什么垃圾），买了一张交通卡，跳上地铁，上下列车完全用杰森·伯恩[1]的风格，换乘公交，改变方向。当了会儿间谍后，我最终在帕丁顿停下脚步。

我在博姿药妆店买了盒剃刀，到处转悠，直到我找到一家看起来会让人想自杀的酒店，即便入住时欢天喜地。这让我花掉了40英镑，这是我最后一点钱，为了住上一晚。

我洗了个我能忍受的最烫的热水澡，拿出剃刀和浴巾，脱下衣服，坐在床上。这几个月来，我第一次感到能够呼吸。我独自一人，没人知道我在哪里，这是这几年间最安静的时刻。我睡了几小时。是真正宁静的睡眠，不是因为化学药剂，只是平静的和衣而卧，肌肉不再痉挛，脑袋不再像在食物加工机里那样震荡。

我觉得我应该跟我的儿子道别。我是个混账，但没有混账到不让他听听我的声音或听到他的声音就离开人世这种程度。他依然是我的精神支柱，所以如果当他长大，回想起他爸

---

1 杰森·伯恩（Jason Bourne），美国惊悚小说作家罗伯特·陆德伦（Robert Ludlum，1927—2001）于1980年代写作的《谍影重重》系列小说中的主角，是位身手不凡的前特工。其更为著名的改编电影版于2002年开始被陆续翻拍。

爸自杀时，还知道爸爸与他道过别，应该会感到些许安慰。连自杀都如此自我陶醉。

我打了他妈妈的手机，她接了电话。值得说明的是我那时基本上脱离现实生活了。我并没有意识到这一点，虽然我正运行着另一套操作系统，大概是由方圆一二平方英里中的另一个人操纵的。我其实可以打电话给她，说我想和我的儿子讲话，我之所以被放出医院是因为在做试验，看看我是否能经得起长时间离开的考验，而现在刚入住。但我完全没想到警察可能已经联络过她，她也会接到从医院或是马修那儿打来找我的电话。

她心中依然有善意和某种爱意。我也不知这是为什么。但是她丝毫没让我觉得有什么事情出了岔子。她只是说想来见我。

"你好吗，吉米？我们可以在哪里碰个面——我们可以聊个十几分钟，然后你决定是否回家待上一段时间。随你。"

我思考着，以一种混账般的、自我中心的高贵感觉——它只可能来自精神上的崩坏和那些还大量留存在我循环系统里的剧毒药物，于是我答应了，说这是个极好的主意。为完成一个恰如其分的告别，我应该见自己的妻子，最后一次亲吻她，再回来完成该完成的事。这才是正确的做法。正确的做法。

我把东西都就这么放着，像强迫症一样把它们摊在床上，间隔均匀，角度正确，检查，再次确认，然后晃出房间，去帕丁顿站，我们约了在那的大厅碰头。

我到那儿，站着看着那些备受折磨的、喝醉了的、一脸迷茫的、步履急促的通勤人流，20分钟后，我看到了简。还有杰克。因为某种难以想象的原因，她带上了他。一个活生生的，三英尺（约合0.9米）高的惊喜在她身旁，最好的惊喜。他真是小小的个头。他被包裹在亮面外套里，穿着条小到难以置信的牛仔裤，牵着妈妈的手。当我走下扶梯，走向他们的时候，我心中大动，心碎无比。我继续走，直到他看到我，向我跑来。这个拥抱和他出生后第一次被交到我手上时我给他的拥抱一样令人难忘，一样重要。在我们开口讲任何话之前，我就深深地明白事情要急转直下了。

我的眼角扫到马修正朝我走来。他和警察谈过话，我在半小时内会回到医院。而我竟然没有生气。我觉得解脱，大概如此吧，这是最大的感受。因为正有一种新的感觉自心底最深处涌上来，努力地希望能被听到。当杰克小小的、汗涔涔的手抓住我的手，他攥得紧紧的，用远超我预料的力气，我心中发生了点儿什么。我闻着他的小脑袋，看他大喊着“爸爸”极速奔向我，它们唤起了某种原始的、冷血动物都该有的生理职责，与此同时，心里的台词是“好吧，你曾放弃了自己，但是这与发生在他身上的自然规律完全相背，你知道的”。他是我的延续，我的一部分。如果主体死去，那么其他的机体也会死去，而在那时他还没有强壮到不需要我的程度。

我还没有准备好离开人世。如果我没有打电话给简，如果她没有为我设局，如果我没有见杰克最后一面，我可能永远都听不到自己内心的呼喊已如此响亮了。

我被开车送回医院。

感觉所有的反抗都不存在了。颓丧，任人摆布，心灰意冷。拜新的药物“鸡尾酒”所赐，我在病房里拖着腿走来走去，流口水，失掉一些脑细胞和记忆。这时在一个周日探访日我被点名，说有人来看我。这很奇怪，因为除了几周前简和杰克短暂又灾难性的探访，我从来没有任何探访者。

是个很久没见的老朋友。一个难相处的、有点自闭和脆弱的家伙。一个琴痴（我们是因为都想获得索科洛夫非法的现场音乐会录音唱片而认识的）。他听说我在这儿，希望给我一点支持。还有音乐。当他打电话想来探访时得知不能送洗漱用品之外的东西（这阶段我不能接收东西，因为我的刀和剃刀都被截获了），他给了我很大一瓶洗发水，然后对我眨眨眼。他在护工听不到的时候对我说，独自一人的时候再打开它。我打开了它。在这个空瓶里有个小小的塑料袋。在小小的塑料袋里有个崭新的、最新发布的苹果音乐播放器。它的大小和雀巢薄荷巧克力差不多。耳机被很细心地缠了起来。他已经在里面存了几十亿字节的音乐。一切因此改变。

我开始偷偷地听音乐。戴着耳机。在半夜，一片漆黑，寂静无声。我按下播放键，听到一首从没听过的巴赫作品。它带我到一个非凡的境地，一个如此让人无法拒绝、充满希望、优美而无尽的空间，就像抚摸上帝的脸。我发誓，就在那时那刻，我经历了一次神性体验。这个作品是巴赫的马尔切洛柔版——名为亚历山德罗·马尔切洛的巴洛克时期作曲家为双簧管和乐队而作的作品，巴赫对此十分喜爱，所以把它改编成了钢琴独奏。格伦·古尔德弹着他的斯坦威钢琴，令人触摸到40年前，300年前的气息，让我知道一切不但会没事，还绝对会变得很精彩。我感觉就像是被接上了电源一般，这是我永远不会忘记的难得的“猫王时刻”。它震动了我，从30年未见天日的心底释放出某种内在的温存。

我决定了。这地方根本不适合我。我无法真正改善。这么多的药物，这些癫狂，这么长时间地看电视和百无聊赖根本没用。我要得体地离开这里，永久、彻底地离开。获释，找个地方，回家和儿子在一起。我一定要好起来。不过，当务之急是我得让他们知道我“康复”到可以出院的程度了。

于是我这么做了。我们一起。那冷酷、残忍、耐心、聪慧、掌控了头脑一部分的“我”开始掌权了。愉快——他就是为此而生的。我们开始合作，没有快到不切实际，但又不至于慢到延误我自己设置的圣诞节出院的最后期限。我按需流泪，拥抱自己内心的小小孩，在艺术治疗中画些恰如其分的愤怒的图片，参与小组讨论，在私人治疗中给人留下恰到好处的关切、悔过、愤怒、希望、愧疚等情绪。我在听审或访谈时会说些正确的话，以此为准则做正确的行为。我帮助他人，跟员工开玩笑，让医生听到我愉快的口哨声，按时吃药，起早，在全体员工众目睽睽下在花园里冥想。我为能争取早日出院尽了全力，直到两个月后，11月中旬的一个周一下午，他们叫我坐下，基本上是在说，我成了精神治疗的标杆，他们为我的进步感到高兴，并告诉我，我已经没问题了。我可以在三天内离开，只要我接受频繁的门诊随访，并坚持用药。

我感激、关切又假装谦逊的微笑绝对是有实力拿奥斯卡奖的。我甚至还问了句客套的"你确定我已经准备好了吗?"以表担心。我使他们确定我可以离开了。马克·赖伦斯[1]都会为我的表演鼓掌。我太为我的成就骄傲了，三天后我趾高气扬地走出那家医院，丢掉药，回家里躺床上去了。

说句关于那相当冷漠的"丢掉药"的题外话。在任何情形下，都不要这么做。永远不要。想象挤一大坨自制的蛋黄酱

1 马克·赖伦斯(Mark Rylance，1960—)，英格兰演员、戏剧导演，在2016年凭借《间谍之桥》(*Bridge of Spies*)获得奥斯卡最佳男配角奖。

到一块生鸡肉上，把它在太阳底下暴晒四到五天，再把这玩意儿推进你嘴巴里，然后躺在床上等着。这样你很快就会感受到类似突然完全停掉精神药物的反应。

大概12小时后我的大脑开始震颤。一切都变得非常荒诞，有点儿像是醉了，飘忽无形。随着时间的推移这种感觉转而成为幻觉、肌肉抽搐、呕吐、腹泻、反胃、出汗、疼痛、颤抖和干呕。我失控了三天，才勉强可以走路、说话、正常运转。

我对出院抱着那么高的期望，想要回到充满爱和支持的家里，以为一切都会好起来。我的希望之光，那些被违禁带进医院的音乐理应持续它的作用并更加有效才对。但完全没这回事。我他妈的是个累赘，有债要还，有书面文件要整理，有一大堆屁事要处理。为了偿还我们的一部分花销，我不得不卖掉了钢琴，因此我潜在的救命索也被抛到了窗外。家里氛围紧张且不友善，有点儿可怕，让人心神不宁。我们都在深坑里，全然不知道该怎样，或是有没有可能走出去。情况急转直下，感觉无路可退。

真实的世界并不会因为我消磨了自己的生命而放慢哪怕一分钟。它在我完全不经意间匆匆前行，而我却没有任何能耐可以赶上。这是我第一次意识到只有好意是不够的。哪怕出了医院，不再服药，陪伴着我的家人，我依然是个幽灵。

尽管我希望，但我不再与妻子有共鸣，再没有一个积极的前景联系着我们，也没有能让我们聊到夜深的希望和梦想。我曾如梦游般进入这段感情，有了一个完美的孩子，但对该如何抚养他长大毫无概念。大家都说婚姻是一项艰辛的工作。我此前并不知道，直到我环绕四周，意识到我在这一年的大部分时间里无论在情感上还是事实上都是缺席的，我像脱离了水奄奄一息的鱼一样在苦苦挣扎，我熬过了医院里的生活，但并没有能力挽救我的婚姻，我需要想办法修补这巨大的损失。

这时我们的一个朋友向我抛来一条救命索。一桩能够修复一切的一锤子买卖。

这家伙很有钱，富得流油。满世界都有房子，拥有私人飞机和潜水艇。他和我们很熟，和我妻子保持了紧密的联系，知道发生了什么。过去他也曾要对抗自己的心魔，因而他去了亚利桑那州的某个地方，他在那儿得到了帮助。他见我并没有好转，无论这意味着什么——我根本就没开始解决那些最初使我进入医院的问题，我依然是个定时炸弹。他提出会出资让我去他曾去的那个地方。

他每年都给那所医院投很多钱，这是幸事，因为他打电话联系了他们，而他们一致投票不接收我。他们看了我的病历，觉得我对他们而言风险太大了。而鲍勃，我这个有钱的朋友，明言除非他们接收并把我治好，否则他们不会再收到一分钱。在精神疾病治疗领域，有钱能使鬼推磨。

鲍勃打电话给我。他说没有这个在菲尼克斯的地方就没有现在的他，如果我不配合治疗，即便我再想充实愉快而健康地过下去也是不可能的。在这个医院待几周会成为让我自己和我的婚姻生活重回正轨的跳板。他说我的状态不好，如果不寻求帮助只会变得越来越糟。我前阵子的一个下午拿着冰袋在腹股沟上敷了一个小时，试图鼓起勇气把自己阉掉，所以我完全没资格和他理论。

就这样，再一次地，我收拾行李，离开了家，登上飞机，去菲尼克斯全身心地感受美国风格的治疗方法了。

第十二曲

莫扎特，《第 41 号交响曲“朱庇特”》，第四乐章

指挥：查尔斯·麦克拉斯爵士[1]

世界最著名的作曲家。这应该算是个成就了，但依然有人觉得莫扎特没有两把刷子。他为“天才”这词给出了全新的定义（5岁就开始作曲，6岁开始巡回演出，会15种语言，写了41部交响曲，27首钢琴协奏曲，大量的歌剧、室内乐和奏鸣曲，等等），莫扎特天赋之伟大只有他名字的长度可相媲美：约翰内斯·特奥菲卢斯·阿马多伊斯·戈特利布·克里索斯托穆斯·沃尔夫冈古斯·西斯·西吉斯蒙德斯·莫扎特。

以35岁的年纪去世前三年，莫扎特创作了他最伟大，也是最后一部交响曲——他的《第41号交响曲》（在他去世

1　查尔斯·麦克拉斯爵士（Sir Charles Mackerras，1925—2010），澳大利亚指挥家。

后26年，因为市场营销的关系，它被冠以“朱庇特”的名号，这跟他本人没什么关系）。他用16天就把它完成了，成为展现他作曲高超技能的集大成之作。在此期间，他还同时写了他的第39和40号交响曲；这是三部经久不衰的杰作，在几天内就相继完成，更让我们得以窥视到莫扎特惊世骇俗的技巧。

《第41号交响曲》的末乐章的结尾，他以五声部的赋格开场——一段令人惊叹、难以超越的管弦乐队片段。想象一下一个同样的主题被演奏五遍，但每一遍的进入都竞相有延迟，之后再汇合，在100个音乐家的紧密齐奏中营造出完美的和声效果。他一直等到整个交响曲的最后45秒才这么做（这在音乐上等同于抛接15个电锯，这已经是能坚持的最长时间了），而这也是我永远不能演奏管弦乐队作品的原因——要是我在舞台上演奏这样的作品我真的会兴奋到失禁并晕厥。

有两个恰如其分的称赞，第一个是舒曼说的，他提及“朱庇特”时说：“这世上有些东西是关于那些无法用言语谈论的事情的，如莫扎特的‘朱庇特’交响曲的赋格，莎士比亚的不少作品，还有贝多芬的一些篇章。”

而关于这段登峰造极的赋格——这也依然是我听过的管弦乐队演奏中最振奋人心的乐章，唐纳德·弗朗西斯·托维爵士[1]如此写道：

“每个‘朱庇特’交响曲的乐章都是强大而无与伦比的创作。这个问鼎之作的巅峰当然就是赋格式的结尾。它运用了过去赋格的多声部的技艺，且采纳了其他的材料，完美展现了作曲家的想法，也成为艺术中永恒的光辉。在交响曲的史料中真是没有能与这个乐章媲美的作品了。有其他的作品——也有一些能与它的旨趣相媲美——但是并没有其他作品与之相近，哪怕是莫扎特自己的交响曲中也没有。这是他交响作品的顶峰——‘朱庇特’交响曲的赋格式尾声。”

美国总显得有些自大，自以为是，也比其他地方更简单直接。在心理健康领域也同样如此。我顺利地通过了他们的入境检查（我并不隶属于纳粹党，也没有参与种族灭绝或是核武器制造，但毒瘾和精神疾病方面的问题则被我特殊处理了）。我在菲尼克斯的天港机场与两个块头超级大、戴着斯泰森牛仔毡帽的家伙碰头，然后就被开车送往一个看起来像是监狱的地方。安保人员有泰瑟枪、警棍，执杖四处巡逻，按要求

1 唐纳德·弗朗西斯·托维爵士（Sir Donald Francis Tovey，1875—1940），英国音乐理论家、音乐学家。

佩戴着雷朋墨镜，那种失意警察的态度就好像是他们制服的一部分——还有缺乏同情心和激素诱发出的强壮肌肉。这情景对我而言就好像是在斗牛眼前挥舞的红布。我立马就暴躁起来，精力旺盛地蓄意挑衅，头脑发昏，想对人暴力相向。但古怪的是，因为我觉得这些家伙能够对付得了我的无端怒气，他们全副武装，于是我就不管不顾了。怒火一下子都爆发了出来，我向他们火力全开——远不止如此。

接收——实际上整个入住的流程都是严酷的。那地方好像是疯子的训练基地。我让它更严酷了。所有东西都被收走了。真的是所有东西。书、音乐、手机、现金、钥匙、护照——都被拿走。脱衣检查、血液检测、尿液检测、心理评估测试，无尽的问卷、访问、审问。我用上了新的药物（不知道是什么），并得知在被允许加入到其他病人之间前，我要依常规花三天时间待在护士站旁边的一间房里，只为保护我的保镖一直都在我触手可及的地方。这是根据标准流程每个人都要经历的入住体验。只是这不是寻常的三天。我在那间房间待了整整17天（他们后来告诉我这算是一个纪录），嚎叫、哭喊、发怒、用任何方式搞砸自己。我变得如此糟糕（有些具体的事情，某种程度的暴力以及我无法在这里写出来的那种功能障碍），因而在几个星期后他们真的愿意放弃鲍勃每年的捐款，让警方介入了。我被带走，逮捕，送往联邦精神病机构，在那里“一到两年后你可能被放出来”。

小窍门——要是你想让某个和我一样的人（一个任性、迷惑、惊恐的精神变态的利己主义者）彻底、迅速地好好合作，只要提到“联邦”和“机构”这两个词，再带一件约束衣到房间里，放到他床上。我从来没有如此快地恢复过。

我真的下跪了，求他们不要带走我。我以我能做到的最快、最诚实的方式，夹着啜泣声求着，最后他们给了我24小时的缓刑。最后的机会。一锤子买卖。再有一点犯傻的行径我就会长时间迷失在精神疾病医疗系统里，远离任何人——所有我认识的人。他们只要打个电话就可以做到。

几天后他们发现他们可以接近我了。无论什么抵抗都从我身上撤掉了，而我也被允许加入到其他人中去。那是你能想象到的最奇怪、最鱼龙混杂的一群人，而他们所有人都非常可爱。有些身上贴满写着“仅限男士”的贴纸（严重的性上瘾者，不被准许与任何女士谈话，永远不行）；有些年纪非常小（17岁的男孩子和女孩子，他们是奥施康定[1]盛行的一部分）；有些是看上去很得体、帅气、富有的商务男女；有些是流落街头，身无分文、无家可归的家伙。他们都很友善，看上

1 奥施康定（Oxy Contin），止痛片，适用于中度到重度的疼痛，但其中吗啡类的成分也使它成为药物滥用者竞相寻觅的目标，过量服用会致死。

去都认为自己会好起来。

一切就这样开始了。我旁听了几天，没有加入任何小组会话或是疗程。我观察并等待着寻找陷阱、骗局，这是治疗在我身上无效的原因。我绝望了那么久，已经无法用别的角度看待事物了。但是渐渐地，一切开始消散，一种慢慢产生的安全感每天都会出现。

这就是一切终于奇迹般地逆转的开始。

我不知道这是种潜移默化，还是我单纯地觉得累了。也可能是因为他们断了我夜间以外时段的药。但是，在真诚、良好的动机下，我逐渐打开了心扉，参与治疗，与其他病人和员工谈话。那儿的员工很棒——经过良好训练，善解人意，友善而富有洞察力。在那儿要做很多事，写作、阅读、探索、发掘、发现和讨论。每天还会有冥想、小组会谈、一对一的治疗，还有一些新的以美国为中心的治疗方法，有很棒的名字，比如“身体体验疗法”和“幸存者讲习班”。我用塑料警棍敲东西，讲述小时候发生的事情，发现迎来的更多是恐惧和同情，而非怀疑和指责。我哭了，写了假设性的信给体育老师李，找到一些方法让自己从十几岁前的淫乱和放荡中脱身开来，开始理解，无论小时候我脑子里的筋是怎样断了又重焊过，无论在几十年里我是如何在幸存模式中度过，无论我该如何对自己的生活负责，我都不该被责备。

在我心中有些重要的事件发生了。我在考虑问题和推论事情的成因上有了巨大的转变。这些人真的懂我。他们对我的疯狂报以全然的理解和接受，他们对我那些看起来难以克服的问题提供了解决方案。我们花了数周回顾我的人生，查看我在所有事情中的表现。看看哪些地方我该负责——我在哪儿太自私、自我中心、不诚实、自暴自弃、操控了别人或是胆怯了。为什么我会有这样的反应，谁受到了伤害、受到了怎样的伤害。我把一切都写了下来，列了所有那些因我而造成了负面影响的人的名字，这份名单很长。我们发现我亏欠了这些人某种形式的道歉或是弥补。又是张很长的单子。

我曾从一些诸如学校、大学和工作场所的机构偷窃过东西（不只是有形的东西，比如钱，也会是时间）；我曾经八卦过的地方和人（很显然这并不好，无论在那时对我而言这显得多么琐碎）；我破坏或是肆意损毁过的资产；我无视或伤害过的朋友；自我中心或是操控他人的情感关系（基本上就是每个我睡过的人）；家里为我担心的人，我扰乱了哪些人的生活，哪些人内心的平静被我夺走；我伤害了哪些朋友、同事、熟人。那些迎面向我走来时，我会想要穿马路避开的人，也在单子上。大致规则就是除非对这些人做出弥补会造成更深远的痛苦（我和你的女朋友/妻子/女儿上床了，对不起），否则就要接近他们，采取行动。

医院给了我一个手机和电脑，于是我就按照名单去信或是打电话道歉，弥补我在过去的亏欠，询问是否有什么我可以做的来弥补过失。大多数人听到我的消息都很开心，也有一点迷惑。有些人不想说什么。也有少部分人很高兴能如释重负。这并不关乎惩罚、指责或是揭丑。这只是让我能在晚上安然入睡，让我明白是可以与过去的那些人接触的，无论有意或是无意，不必因此感到满心羞愧和害怕。就这样，只要合情合理。我道歉、捐钱、还钱，为使一切好起来愿意做任何事。

我们所做的有点儿向圣经地带[1]的信仰倾斜，但是他们将其装扮得跟灵性一样让人信服，我也没有资格质疑是否有更大的存在指引一切运转。让自己从宇宙总指挥的位子上退下来让我松了口气，我只是作为这世上的一分子来这里走上一遭。我想这就是他们所谓的“人性”。

我在那里总共待了两个月。在治疗的最后，我奇迹般地不再那么极端地讨厌自己了。我体重增加了些，放下了不少过去的包袱，与一些朋友重修旧好，找到与自己相处的方式。在大多数的日子里，我都相当平静且淡定。

---

1 圣经地带（Bible Belt），美国基督教福音派在社会文化中占主导地位的地区。俗称保守派的根据地，多指美国南部。

我每周都和杰克谈话好几次，并迫不及待想见到他。我终于可以在人前亮相了。可能这足够修复简和我的关系，能建立起我们过去希望的那种温馨小家庭。

有种屈服的感觉。我已经有足够的清醒和自我意识，知道自己能够尽力让自己好起来，有合适的手段慢慢推进，而不是搞砸事情。我也知道并不能指望我周围的人都相信这一点。我回家，成为一个未知的实体。

我同时感到了恐惧和兴奋。大概是该喝杯茶，听听肖邦最伟大的夜曲的时候了——C小调那首，作品48之一（YouTube，Spotify，iTunes，SoundCloud，随你挑）。正切合此情此景：满是不安、渴望、阴郁、不确定、焦躁、屈服和希望。我想，所有这些，都是肖邦深深体会到的——写这部作品的时候他20岁，离开自己在华沙的家，去探索世界。

他最后滞留在巴黎，因为无法进入奥地利（他的第一选择），从妓女那里感染上了点儿毛病，非常想家，有点儿叫人讨厌，既不靠谱也没信心。他在19岁就写了第一部钢琴协奏曲，在接下来的20年里永远地改变了钢琴世界。

他——当然，是全然被那段和乔治·桑[1]的极端失衡的感

1 乔治·桑（Georges Sand，1804—1876），法国女小说家、剧作家、文学评论家、报纸撰稿人。

情关系毁了，身心俱疲、病入膏肓、痛苦不堪，然后就死了，死在肺结核的极大痛苦中，享年39岁。

而我呢，不那么支离破碎，显然没那么有才华，可能在病入膏肓方面有点相似，但并没有那么可怜，也没咳出自己的肺来。

我道了别，感谢了全体员工，打包行李，飞回伦敦。这次就没有保镖了。没有药。没有藏着的剃刀。一切感觉就像新的开始，一切该发生的就自然而然地发生了，而不是我想象的那样。也不像每个人能预测的那样。

我走过前门，走向妻子和儿子。他们举着“欢迎回家”的条幅，还做了蛋糕。那时我真觉得自己是正式回到家了。那一刻我知道自己对于杰克来说会是个更好的爸爸。我会时刻在他身边，有求必应，并且坚强起来。我知道随着时间的推移，我必须向他证明这些。因为经过数月没在他身边，只是偶尔的联络之后，他需要时间来重新确认可以信赖我的状态。5岁的年纪已经有足够的感知力了。我必须再次获得他的信任，并且要时刻准备好，竭尽全力做到这些。

我也是这么做的。我尽可能多地花时间陪他。因为在他降临到这地球上的头三四年我们曾经一起度过那么长的时间，我不分昼夜地喂他，陪他走路，安慰他，我们过去有那么深的纽带，于是一切回来得很快。孩子们非常奇怪——他们原谅的能力，大多数成年人对此只能仰望。他永远爱我——根深蒂固、不可改变——我也爱他。在数周的玩耍、唱歌、相处之后，我们产生了深深的共鸣，关系也恢复到了正常状态。我每天接送他上学、放学，带他去公园，搭乐高玩具，带他去星巴克吃甜点，读书给他听，和他一起看电视，为他做饭，拥抱他，就是让他知道我在身边。

我觉得最需要补偿的是他，而唯一的方法就是让他知道他能信赖我。但愚蠢，也许也是幼稚的是，我没有对简做同样的事。我所有的关注都集中在杰克身上。而他母亲和我之间的感情则一天又一天，流逝得越来越多。

事到如今，对于爱情我有一些认识，它们经历了30年彻头彻尾的愚笨，在数年热切的自我反省和检验后才变得显而易见。不幸的是爱情一直都是个实践测试，从来不是理论，在爱情面前这世上的一切思想都最终变得毫无意义。这就像通过看说明书来学钢琴。你可能觉得你知道该做什么，直到你坐在键盘边，才会发现这是多么浩瀚无际，要投入多么多的专注，而你先前对此一无所知。

我讨厌“坠入爱河”这个表述。纯属一派胡言。你没有坠在任何地方。“坠入爱河”表示你掉在矿井里，孤身一人，在下面摔了个稀巴烂，半死不活。现在所有的事物比起过去都变得更迫切、更严重、更猛烈、更疯狂、更耀眼。《莫斯探长》[1]还曾经被认为节奏紧凑、扣人心弦呢。而今天，没有哪个正常人胆敢在主流电视节目上委托制作一个标题念起来长于七秒钟的节目。所以今天，“坠入爱河”不再意味着求爱，约会，花数周时间了解彼此，一起旅行，经过一段时间意识到你们俩深深相爱。现在，这就和电影里演的一模一样——你们四目相对（或是你看到了她的推特头像），互相交谈，发短信或是一两封电邮，然后“砰”，你们相爱了。迫切、直接、激烈、火热。你通知你所有的朋友，把消息发在脸书上，像个傻帽儿一样。这是疯狂的迪士尼情节，而且非常危险。这个样子什么都维持不下去。这其中永不可能有任何的真实。这仅仅是上瘾，大脑的化学物质给你带来越来越多的快感，直到发生不可避免的崩溃。但是我们都这么做，因为电影、电视和书里就是这么写的，而且这有诱惑力，更直接轻松。

我的婚姻，实际上——是真枪实战前的带妆彩排。而我也付出了惊人的代价。我没有关于恋爱如何开始的正确基础，在情感上又是个智障，但简和我相遇的时候我以为自己坠入爱河了。事后一想我可能只是坠落了。坠落在对爱的幻想中，无视现实，相信那些完全是胡说八道的虚假的浪漫和历险。今天

---

1 《莫斯探长》（*Inspector Morse*），制作于1987—2000年间，是在英国独立电视台播出的系列侦探剧，根据柯林·德克斯特（Colin Dexter，1930—2017）的同名小说改编。

我更倾向于“走入爱河”这种说法，而不是“坠入”。这样，我睁大双眼，没有愤世嫉俗的掩饰，也没有因为恐惧而闭上眼睛，但寻找也努力做到那些我从未在此前看得如此重要的品质：善良、同情、深刻、耐心，等等。

我知道我的余生会因为我现在与之共处的女人而快乐，我的每个细胞都深信这一点。我也知道男人总是想要离开。我们受限于此。因而我们一直都会质疑一些事情，有时是质疑自己，偶尔会质疑我们的朋友，罕见而愚蠢的时候，会质疑我们的爱人。总有个小小的声音一直对我们说：总有更可爱、不那么黏人、在床上更淫荡、更独立、更好闻、更酷，诸如此类的人。就像新的苹果手机在三个月后就让人觉得多余了。电视机有五年期限。衣服、职位、车子、房子，所有东西在任意时间都要变得更好，而假使我们意识到我们的妻子没有抗拒生物和物理定律，没有变得更漂亮、更有曲线、反应更快、更新鲜时，我们就崩溃了。

然后我们就出轨，开始喝酒，打架斗殴。我没有对妻子不忠或是酗酒，但日积月累，我在简身边的行为变得越来越具有破坏性，越来越危险。起码在我脑子里我们的关系接近于冲突的常态，争吵并不是因为紧张，而是随时发生。惹怒，抱怨，责怪。然后，终于出现了这个杀手：漠不关心。出现“谁管你呢？”这种卑鄙的冷漠，当一段情感达到这样糟糕的程度，我们男人大多数并没有勇气果断断绝关系并离开，所以我们会试着让女人先为我们这么做。我们抱着她们去申请离婚的希望，急不可耐，这样我们就能继续对下一个女人做同样的事了。毫不奇怪，婚姻咨询会成为专门业务并增长得如此迅猛。

简和我同意实验性分居，我搬出去了。

分居是否正确并不重要。长远来看，这确实也是最好的。我也成了那样的男人。有始无终的人。他们在要动真格的时候就落荒而逃。我租了一间小小的地下室，那儿有架糟糕的立式钢琴，还有间空房间，杰克可以在里面睡觉，每天早上醒来我会去接他，乘公交车去学校（我们那时卖了车）。为了他，我尽我所能去成为最好的爸爸。但我依然是个有始无终的人。我几乎可以快进看到几年后，受过治疗的儿子对我说——“爸爸，你抛弃了我”，而我则无言以对。

状况变得越来越摇摆不定。我去警察局想驱逐一部分过去的恐惧，但这徒劳无益。有个儿童保护机构在伯爵宫。我去那儿做了一份关于李的声明，想看看他们是否能找到他，让他负责。我这样做是为了解脱，为了正义，为了对小时候的我做出弥补，继续我在菲尼克斯找到的健康生活。但这毫无指望，并且糟糕透顶。我花了三小时在一台摄像机前，讲了些不该被人知道的细节。体育馆的示意图，里面发生了什么，多频繁，他从哪儿来，什么时候，是哪种形式的性行为，哪种体位，他用什么工具，我会吞咽吗，尝起来怎么样（真的），等等。这很残酷，下流，令人羞愧。在此之后他们告诉我他们会联系学校，却发现他们没有关于叫这个名字的人在那儿工作的记录。警察认为那是个假名字，他们找不到他，于是事情不了了之。

我待在菲尼克斯时取得的一点进步此时看起来都要灰飞烟灭了。我又买了刀片，开始划伤自己。我不再吃东西。鲍勃好像也受够了我没完没了的受害者心态。他要求我还清他在菲尼克斯那家医院支付的每个子儿（非常大的一笔数额，几乎花光了我在银行的积蓄，也给了我另一个理由因为担心和自我厌恨而感到恶心）。我做任何事来惩罚自己。这种行为以自私的眼光看是挺不错的，因为偿还债务和自我厌恨的感觉能满足人的虚荣心，但是由此产生的连锁效应却往往是灾难性的。

一缕阳光：我有了个新的心理治疗师，名叫比利。一个高个子，说话温和、友善随和的爱尔兰人。第一次见到他是从医院回到伦敦不久，他对着我，以一种被酒浸透了的软木塞式的声音说道："啊，詹姆斯，老实说有百分之五十的可能未来的一年里你还会活在这世上。我知道，你也知道。有些人能挺过来，而另一些则不会。就是这么回事。我们来看看有什么办法能提高一点儿你的几率吧，嗯？"那时我就知道他是完美的。要知道我以前知道的那些，从没有哪个人是用这样的语气说话的，无论面对什么情况都会这么平静，而且没有完全沦为"采用心理呓语"那一套，他的风格如此令人耳目一新，我都几乎要鼓掌了。他做的比我期待的更多，让我保持良好的状态（他现在依然如此），但这在过去和现在都是个漫长的过程。就那时而言，剃刀的诱惑真他妈的太大了。

自残的旧病复发意味着我不再能在无人监管的情况下和杰克见面。在简和我的沟通中我的怒气和挫败感日益严重，而我什么都做不了。有这样一个问题。有个“导火索”会让我怒不可遏，远胜其他一切因素。那是当我感觉别人忽视我，不倾听我，无视我的时候。讽刺的是，当周围的人不逃避我的时候我却一直都在开小差。当我问某人一个问题，如果他们忽视我，我就会自然而然地以头脑里积攒了30年的愤怒来回应。我问一位女友："嘿，明天我们一起逛街好不好？"——她在看一些东西，没有听到我说什么所以没有回应，我就会真的认为她和她的瑜伽老师在我面前搞上了，还大笑并取笑我是多么微不足道的一坨屎，因此我就会想死。我完全知道这只是自己反复妄想的主题而已；毫无疑问，这妄想源自乞求老师不要搞我，而他做的却恰恰相反。也可能源自乞求其他老师或是我的父母不要送我去上体育课，而常常被忽视。不管怎样，这是我的毛病。我们都有自己的毛病，对吧？

我不断向简解释问题所在，我不是个威胁，我们能解决问题，没有必要对接近杰克都设置监管，但我也毫无办法。恼怒和没有被聆听的感受与日俱增，我看到自己的儿子被慢慢带离我的身旁，没有人愿意聆听，或是理解在我脑海中正发生的一切。直到我失控。

我失去了理智。回到了原点。极度恐慌，情绪急转直下。深信自己将要被隔离。我无法，也不会让这发生。我带着护照跳进出租车，去往希斯罗机场。在去的路上我订了当时能订到的第一班国际航班（根据实况，是去纽约的），抵达第三航站楼，取出基本上是我最后的5千英镑现金，登机，逃离这国家。我不知道为什么要这么做，也不知道自己想做什么，我是不是会把钱花在妓女身上、买醉、嗑药，然后一枪崩了自己的。我只是不得不逃跑。不知为何这看起来更简单合理——相比镇定地和医生坐在一起，试图找出能对大家都好的方案。是的，又来了——我没告诉任何人我要去哪里，不知道要待多久，把妻子和儿子留在身后。

我出走了一个星期。在此期间，我在曼哈顿的一家拳击健身房，被一个膀大腰粗到四英尺宽（约合1.2米）的波多黎各黑带选手揍得屁滚尿流（绝佳的惩罚），想要理清思路，搞明白到底发生了什么。我发电邮给我的妻子，然后和她通了电话。我道歉了。跟她解释在我脑海里发生的，并且声明自己也不再想这样了。她说她想要离婚。我请求她再考虑段时间，这是个重大决定，起码要花几周时间来考虑，之后如果依然想要这么做的话我不会做任何辩驳。没必要请律师——如果这真是她想要的，我们可以在网上办理，她能从我这儿拿走任何她要的，只要我还能见到杰克。

在我从纽约回家不久后就收到从她律师那儿来的文件。我终于把她推到了忍耐的极限。

我再次松懈得如一盘散沙，好像打破了什么破纪录。我体重下降了太多，我的医生说三个月内我的肺和大脑会停工，除非我每天摄入起码八百卡路里的热量，否则他会把我关进精神病院。我习惯性自残，每天就睡大概两到三小时，努力从自己身上找出一些无毒且没有崩坏的部分。

我必须找到自己的离婚律师，但我依然毫不在意，告诉那家伙无论如何我都会愉快地签字。更多的惩罚，更多绝望的尝试，用以赦免自己破坏了家庭的罪孽。

就这样，我只身一人。会因为银行里有小额而有限的钱，一处租来的、预付了半年的350平方英尺（约合32.5平方米）地下室，以及没有工作而觉得极其自由。我无法解释这种感受。几乎所有剩下的钱——在分居和离婚后，都被用来还鲍勃的账、租房子和逃去纽约了，因此事情突然之间变得非常简单，更好处理。我会在周五放学后接回杰克，跟他待在一起，直到第二天我带他回家。和简的沟通并不好。就像开关被关掉了一般，我们变成两个毫不相关的、冷漠而文明的陌生人。我仅有的顾虑是对杰克的，我的羞耻、悔恨和歉疚纷纷涌上心头。

第十三曲

肖邦，《C 大调练习曲》，作品 10 之一

钢琴：毛利齐奥 · 波里尼[1]

肖邦。如今有那么多自我施加的音乐会规则，可能我可以加上我的这条？

每个钢琴独奏会都应该包括至少一首肖邦的作品。

他是个来自华沙郊外小村庄的音乐怪胎，却永远地改革了钢琴演奏。他是我能想到的唯一一位作曲家——可能拉威尔是个例外——写的作品可说有百分之九十九至今依然被演奏。

他几乎只为钢琴而写作，尽管有点儿不招人喜欢（一个想方设法挤入上流社会的人，有点儿种族主义倾向，花钱大手大脚），却彻底而剧烈地改变了音乐的面貌，如果不谈他就根本无法谈论钢琴音乐。他试验并创造了新的钢琴声响，彻彻底

1 毛利齐奥 · 波里尼（Maurizio Pollini，1942—　），意大利钢琴家。

底地将乐器从历史中释放出来。怪不得他能收取相当于每小时900镑的钢琴课课时费。

我最早买的卡带里就有伟大的意大利钢琴家毛利齐奥·波里尼演奏的肖邦的练习曲。这些无比难弹的作品的目标，正如所有的练习曲一样，是用来提高技术的熟练程度的。但是不像在他之前的作曲家（比如像哈农或是车尔尼写的那种无聊又无休无止，很少或是完全没有音乐内涵的练习曲），这27首练习曲都是伟大的旋律、曲式、美感和技术生动性的微缩模型。

他不会让你游荡着，等到第三或是第四首练习曲才露出真本事；他开门见山地写了最难的一曲，发自肺腑地展示出一串串巨大的、几近无法伸展到的琶音，让手好像中了邪一般在琴键上不断上下飞舞。

有人觉得肖邦是个有气无力、脆弱又幼稚的男人，没有力量和魄力。这些作品就像其他作品一样，让这种先入之见化入水中，消散不见。

我知道杰克会比任何时候都需要我，哪怕我们每周待在一起的时间只有短短几天，我需要为他恢复体形，哪怕我都没法为自己这么做。搬出来之后，没什么其他可干的，我又越来越沉迷于钢琴了。我不得不如此，不然我就会悄无声息地沉沦了。我开始学新曲子，认真练习、聆听和研究。过了几周时间后，在相当不错的心理医生、一点私人空间、健康的食物、马修和其他一些新认识的好朋友的帮助下，我的脑袋变得即便不是更安静了，起码也更有条理了。在美国时的那种感觉回来了——有希望、有潜能和有自由。我不再自残，开始吃东西，在和杰克一道的时候总是很上心（相反的是有那么多父亲在陪伴孩子的黄金时间里却黏着自己的智能手机）。就像有什么奇怪的罪过被小额地分期付清了一般，奇妙的事情发生了。我身心俱疲，形单影只，生活的任何部分全无定数，然而某天，在一间咖啡店，我径直走向日后会成为我经纪人，并永远改变了我生活的那个人。

我喜欢和陌生人聊天。我曾读过一本关于抑郁症的书，里面的主角孤独到了仅仅为了与人互动而去排队的程度。当状况还没那么糟糕的时候，我也会不时主动与人攀谈。当然了，绝不是在地铁上；有些事情是绝对不能干的。但是咖啡店是个不错的选择，某个早晨在队列里我开始和一个加拿大人聊天。他大概比我大15岁，有一个适合打曲棍球的身材，留一点儿胡子，面相和善。结果发现他是个餐馆老板，把自己的餐厅卖了个好价钱，在伦敦这个精神家园里游荡了好多年，想找到新的项目。而这家伙确实找到了。

他的名字是丹尼。和“莱尼”押韵，但是重音在后面一个音节上。他是法国裔的加拿大人。不是“丹尼斯”（像在《淘气的丹尼斯》[1]那样），也不是“丹尼”（就像“克兰、普尔和施密特”[2]里的丹尼·克兰那样）。他特意要我在此说明这个问题。于是我照办了。但是如果你见到他时，完全可以叫他丹尼斯，就可以看他皱眉蹙额的窘样了。

问题是，这完全是茫茫人海中的巧合。丹尼对古典音乐几乎一无所知。当然了，当他问起我是做什么的，我说自己想做一个钢琴演奏家，随后就是一段有点儿难堪的沉默，没人知道该说什么。接着他对我说：

“我只知道一首钢琴作品。我的一个朋友对它极其着迷，他过去老是弹给我听。那是布索尼改编的巴赫的《恰空》。你知道这曲子吗？”

我的天哪你不是在开玩笑吧。这可是我打7岁起就一直惦记在心里的作品，带领我穿越了摇摆不定、绝望而又残酷的时光，这曲子我最近刚在那间小公寓的小钢琴上温习到稍有些像

---

1 《淘气的丹尼斯》（*Dennis the Menace*），通常译作“邻家小鬼”，是由导演尼克·卡斯尔（Nick Castle，1947—　）执导，1993年上映的喜剧电影。

2 “克兰、普尔和施密特”，美国电视剧《波士顿法律》（*Boston Legal*）中的律师事务所。

样的状态。这种感觉就好像宇宙在说："瞧吧——看看你不当大混蛋就会有好事！"

当然，我像头挨了刀子的猪一样尖叫，手舞足蹈，两只脚换着不停蹦跶。当我意识到他没有慢慢地缩回门外，我告诉他这是我一直以来最喜欢的曲子。

"我要为你弹这支曲子我们去斯坦威专卖店吧天哪老兄我真不敢相信你知道这曲子你听过基辛弹这曲子吗他们说俄罗斯人弹不好巴赫但是我发誓他弹得真是好极了它原来是为小提琴而作的但钢琴改编版本听上去更好呢我敢说要是巴赫有架现代钢琴他自己也会把曲子重写一下的你听过米凯兰杰利弹这曲子吗哦我的天哪……"

闭嘴。我是真的兴奋了。

后来我发现他当时正在消磨时光，于是我们漫步到马里波恩巷，而我在以50英里（约合80公里）的时速喋喋不休地谈论着这支曲子：巴赫几乎失去了他所有爱的人、大多数的孩子，他大概错过了百分之四十的学业，因为在学校和家庭里受到的暴力对待，他是个多么伟大的传奇，这个作品可算是给他死去妻子的音乐敬礼，想想把无法言说的感受置入音乐中，带我们去向这悲恸的旅途，他让演奏者决定全曲是要终结在大三和弦（耶！）还是小三和弦（立马杀了我吧），等等，等等。直到我们到了斯坦威的展示店里一架九寸钢琴边，他坐下，我也坐下，说可能需要15分钟如果他不介意的话，我也没做什么热身的准备，然后我就开始弹奏，弹完了感觉只过了14秒钟。我立马跳起来说："我们去买咖啡吧！我真是好想抽烟啊。天哪真是神作啊，对吧？你听到那些隐藏的内声部吗？真想知道这些对巴赫来说是不是真切的旋律。"（再一次的等等等等）我们漫步在路上（他在漫步，我却蹦跶得像跳跳虎），找到另一个喝咖啡的特许借口。

最后，当我终于停下喘了口气后，他很激动，受到了震撼，含着泪，告诉我这太惊人了，他完全不知道我说的这些东西，但得知它的历史让它变得更丰富了，想知道哪里可以买到我的专辑。我开始笑了，因为出专辑这事情遥远得好像我能和艾里珊·钟[1]上床一样。他说道："那打印一些你的照片，带给我看看，也许我可以帮你出一张？"

就这样，一切都变了。哇噢！

于是，我辗转经由朋友的朋友，最终找到一个制作专辑的人。他帮我找到了一位录音师和一间录音棚。我得到粗略的报价，在一个信封上抄下它，赶去丹尼的公寓。关于自己的过去我什么都没说，只是模糊地表示我在不久前有段不顺利的

1　艾里珊·钟（Alexa Chung，1983—　），一名有中国血统的英国模特，也是主持人和演员。

时光。我们就条款、分成等问题达成了协议，这些东西对我来说根本毫无意义，因为我要出专辑了，这才是我真正关心的事情，他起草了一份合同，我签了字，然后两周后我就开车和他去萨福克郡录我自己的专辑了。

我们在车里聊了会儿天，我说了些关于诸如医院和我的脑子的问题。说我刚从医院出来，然而我给他的印象可能是我“几年前”有情绪障碍，在时间和严重程度上我没有做到完全的诚实。但现在一切都没问题了，我承诺，不必担心，我们一起去做唱片吧，我再也不需要吃药了，我发誓。

他说："你介意停下车，我出去撒个尿吗？"

于是我们停了车，有好长一阵子我觉得，天哪这就是了，我不会再看到他了，因为我是神经病，现在他知道了我刚从医院出来几周时间，自然没有什么正常人会想和我这样的人共事，更不用说投注了这么大一笔钱在专利权上了。他现在正尽快地逃回伦敦，而我却像个牵线木偶一样等着，在为出唱片而兴奋。

然后他又钻回车里了，不知怎么，像奇迹一般，我们继续向前开去。在我余光之外，我似乎捕捉到他友善的脸上划过的一丝苦笑。

格伦·古尔德，我的英雄，谈起过录音棚的神圣性，说它有“子宫般的安全感”。是这样的。我在一间巨大的房间里。在田野上的谷仓里。一个人。和一架巨型钢琴。没有车、货车、飞机。不少咖啡。奇巧巧克力。乐谱。香烟。

隔壁是监控室：录音师、录音助理、制作人、经纪人。

我有四天的时间来录音，尽管我知道自己只需要两天，但是是丹尼付钱，而我也需要额外的时间来满足我的疯狂。

于是我们从巴赫开始。当然了。他的《法国组曲》第五号。我把它从头弹到尾。制作人开始跟隔间里的人说这听起来很奇怪，很慢，或是太浪漫、太古怪。然后他渐渐不再说什么。再然后完全不作声了。20分钟后他完全变得很满意、很兴奋、很高兴、很受感动。于是我们就继续下去，肖邦、贝多芬、莫什科夫斯基[1]，然后就是那首《恰空》，因为这是对我而言意义非凡的作品，对丹尼来说也是，它必须出现在第一张专辑里。

在我人生中很少有比这更幸福或更有充实感的事了。和那些帮我创作唱片的人一道喝着茶，抽着烟，这彻底改变了我的小宇宙。它还给我了一个额外的安全网，那就是重录。原来我可以就这么人间蒸发，试试新的音乐处理，在速度、旋律

---

1 莫什科夫斯基（Moritz Moszkowski，1854—1925），德国犹太裔作曲家，钢琴家。

和声音方面冒愚蠢的风险，听回放，决定什么可行，什么不可行。我永远、永远都不会忘记那短短几天时间里外界完全消失，真正重要的事情只有音乐、钢琴、弹那些两三百年前一群疯狂又恃才放旷的混蛋作曲家创作出的音乐，由于悲伤或是爱抑或是两者兼备的原因。

我回到家，知道在我能听到第一版录音前会有几个星期的时间。谁在乎呢？我弹琴、练习、做梦、陪伴我的儿子、看心理医生、去互助会，回到无关破坏和自我憎恨的道路上。

我猜上帝在此期间也是宽宏大量的，因为我不仅在自己梦想的事业上得到了第二次机会，遇到了能让这一切成为可能的家伙，还得到了某种程度上的情感平衡状态，而且，我还遇到了一个女孩。

也不能说只是个“女孩”。她是个高挑又纤细，美若天仙，金发，非同一般的女孩。一个阳光灿烂的早晨我和我的朋友卢卡（我一两年前在一个治疗小组里遇到的一个小个子、有着清晰五官轮廓、总是很快乐的意大利男人）喝完一杯咖啡，看到她走向我们。原来她是他的朋友，喝咖啡路过这里，透过窗户看到他在这儿就进来打招呼。我从没见过有人因为如此这般惊为天人的美丽而闪闪发光。卢卡介绍我们认识了之后她露出大大的微笑，并拉开了一把座椅。

我那时和简已经分居了半年，正在离婚的过程中。想象一下这一刻对我来说是怎样的感觉吧。我就只有八英石（约51公斤）重。胳膊上布满了自残的伤痕。我住在一个肮脏的地下室，离那儿不远处有个愤怒的前妻。只能在周末探访儿子，还没钱。短短几个月前刚从精神病院出来，在过去几年的大多数日子里都是在情绪障碍的混乱中度过，那是一种混沌分裂的交织状态。而这个女孩，哈蒂，正对着我笑，看起来对我是什么人还挺感兴趣。我没有寻觅任何人，很显然我无力胜任最基础的社会技能以外的事，只能专注于音乐，而且我看起来很陈腐，颓废，跟个幽灵似的。但是我就是无法阻止自己盯着她看。无瑕的皮肤，闪闪发亮的眼睛，棒极了的健美而柔韧的身材，我见过的最具诱惑力的嘴唇，还有可爱又充满希望的气息。还有，即使我讨厌这个词——酷。你认识那种在聚会上因为出众而吸引了旁人目光的人吗？他们自己甚至都不知道这一点，但无论他们往哪儿一站，就充满了气场。她那时24岁，我32。

我知道。

她对我而言太遥不可及，所以也没什么好害怕的了。我知道什么都不会发生。所以我就微笑着，调调情，表现得好像我完全不期待事情会有什么进展那样。基本上就像你买了彩票但知道自己不会中奖一样。不过做梦也挺有乐趣的。

我们交换了电话号码后我回了家，有点遗憾她是那种其他女孩想要成为的，而男人们绝对喜欢的那种女孩。我发出一条文质彬彬的短信，说碰到她很高兴，也许我们以后可以喝上一杯，等等，等等，然后回到钢琴边，开始讨厌自己去敲一扇明知要关上且甩到我脸上的门，还依然这么做了。

然而在一个小时内她就回消息给我了。有回复和“x”（不是那种有点懒散的“[句号] X”，而是“[句号] xxx”[1]——这两者真的存在巨大的差别）。就在那一刻，那声手机提示音的回响，那串随机的二进制数据穿越空气呼啸而来，由诺基亚手机呈现在我眼前，作为末乐章，与我儿子的降生、巴赫《恰空》的第一个音符，以及与丹尼的见面一起构成神奇四重奏，永远地改变了我的生命。

1 在英国，以“X”标注在短信的结尾都表示“亲吻”（北美则多用X和O表示亲吻和拥抱），此类用法在亲疏方面的差异表现在：多个X结尾比起以单个X结尾表现更亲密的关系。

第十四曲

肖邦，《F小调幻想曲》，作品49

钢琴：克里斯蒂安·齐默尔曼[1]

肖邦在西班牙和女友、作家乔治·桑度假的时候写了他的《F小调幻想曲》。这是段失衡、混乱、糟糕的感情，几乎毁了他。这首作品起码在开头模拟了桑敲门的声音，而肖邦则以刻不容缓的爱、癫狂、混乱和（偶尔的）诗意回应之，是他们糟糕感情的总结。

我最早从哈蒂那里得到的生日礼物里有一张巨大的帆布，上面有她亲手抄录的这个作品的开头几页，由美丽的花和图案的插画包围，它被装裱起来，挂在墙上。

随你们怎么尴尬恶心都行。

比起肖邦和桑，我们过得可要好太多了。

1　克里斯蒂安·齐默尔曼（Krystian Zimerman，1956—　），波兰钢琴家。

第二天她造访我家。我曾提议我们可以一起去哪儿逛逛。她正要去某个地方，开车经过我家，所以她有大概一个小时的空闲。我就他妈的像个14岁小孩，着急着梳妆整理，检查自己的头发、口气、衣服。后来我停下来，决定要淡定，做点儿疯狂的事情——比如做自己，看看会发生什么。这念头只持续了三分钟，我又匆忙得像个缺乏安全感的笨蛋，绝望地希望她喜欢我。愚蠢的爱呐，让我们都变成白痴。

她来了。我们坐在沙发上，抽烟，聊天。天哪，这真是最好不过的事情了。我从未对人如此充满敬畏感——至少不是对某个想和我一起消磨时间的人，也不是在电视荧幕上的角色。从来没有和某个看起来有可爱光环围绕的人这么亲近。我们之间确实来电。有确凿无疑的东西，深入骨髓，但也不是强烈的性欲、沉迷、尴尬，或是饥渴。是种新的东西，陌生又刺激。我现在明白了，我找到与自己完美契合的另一个人了，而更令人惊奇的是，我也适合她。她的疯狂和我的疯狂似乎在我们之上的苍穹中汇合，形成坚固的形状，牢不可破。这是种混乱的性与灵的魔力，我们中谁也无法理解甚至是辨识，但是它就在那儿，如此强大深刻到当我如此写下它的时候，让我看上去像个大无赖。

我们开始约会。我给她买花。这关系很美妙，叫人激动、害怕、刺激，又让人精疲力竭。在开始的几个星期里，处在新的恋爱关系中这一事实揭露出我们两人各自的缺陷。说来奇怪，她有她的过去，我也有我的。她在很多方面是我遇到的最脆弱的人，但在其他方面又是最强大的。这只会让我更加爱她。我们有我们的古怪和包袱，就好像两个发育迟缓的小孩一道创造了一个安全的地方来认识彼此，在这对我们彼此而言依然稍许有些咄咄逼人的世界上。这真令人愉快。

然而……对于我能够在一段感情中表现正常的想法——事后想来，实在是很可笑的。我特别不想把事情搞砸，我知道这是件大事。像这样的女人不会一直出现。关于女人，鲁西迪[1]说得妙：她们总在选择，而男人，如果幸运，就被选中。唉，我多想被选中啊。而她真的就选择了我。她每天都在以各种方式选择我，我简直不敢相信。

我会感到深深的不安全感，并因此发狂。我会把她对密切关系的渴望和“聊聊你的感受”视为伏击，然后停摆，如果身体不失踪的话感情也会玩消失。我会把她推开，明明知道完全不是她的问题，而是我很渣，但一周后又求她让我回来，然

---

1 萨尔曼·鲁西迪（Salman Rushdie，1947— ），出生于印度孟买，后移居英国和美国的作家，著名代表作有《撒旦诗篇》（*Satanic Verses*）、《午夜之子》（*Midnight's Children*）。

后又会再次开启这整个过程，直至几个月后我又重复了这个循环。我不知道这是因为我对于在人生中第一次如此与某人亲近而感到害怕，还是我还在痛悼我先前家庭的破灭，所以无法为一段亲密关系腾出空间。但是我是真的爱她。有根神奇的纽带连接着我们，从未松动。我那么需要她，我也知道，这是有史以来的第一次——尽管知道这真是愚蠢的陈词滥调——我遇到了真爱。

我们有些笨拙地开始一道共建我们的小日子。杰克每个周末都会来，他和哈蒂相处得很融洽，不费吹灰之力。可能这是因为她自己有着不可思议的天真烂漫（发自真心地喜爱明亮的色彩，对粗俗话语有健康的品位，酷爱扮鬼脸和跳愚蠢的舞），杰克从一开始就非常喜欢她，她对他也是同样。如果你需要对一段长久关系做个万无一失的测试，那就看你的爱人怎么对待孩子。也注意孩子怎么对待他或她——孩子都是聪明的小混蛋，如果他们不想靠近某个成年人的话，通常都有充分的理由。杰克直接走向她，敞开手臂和心扉，愉快而安全。

数周过去，杰克在我和他妈妈家穿梭来回，我开始变得有些担心，我们分手的方式和沟通失败这些事情会影响到他。对我而言，这是分手中最糟糕的一部分 ——我们把上一个家庭弄得很失败的方式可能无法避免地会让他感到痛苦。我们曾经有过——起码纸面上——一个图画般完美的家庭：富裕，一个可爱的孩子，赏心悦目的房子，漂亮的东西。然后我病了，崩溃了，把一切都毁掉了。这破坏实在太大了。我们是不是应该为了杰克无论如何还是待在一起呢？他妈的，当然不行，这会给他带来什么影响？

我幼稚地觉得，我和简属于那些伟大的离婚夫妻，我们依然是好朋友，会聊起彼此新的约会对象，每半个月碰头喝杯咖啡。我极其希望她能找到个正派的伴侣，在事业上获得更大的成功，幸福地生活。但是她没有遇上这些。她的境况简单明了也情有可原，她受够了。我们的事对她的打击是毁灭性的，有太多的不确定和伤痛，而很显然简决定杰克的需要必须放在第一位。她首先是个母亲，不是为了某种遗失的目标而奋斗的圣徒。

和哈蒂开始约会后不久，我收到一封简寄来的邮件，说她要带着杰克移居美国。

我找了律师。文书上我没有收入、没有工作、没有财产、没有证券、没有现金或是其他资产。我有阴晴不定的精神和情感问题，我的儿子百分之八十的时间都和他的母亲在一起。要说服法院把判决倾向我这一边毫无可能。我能做的也不过是把事情拖延几个月时间，强迫她与我对簿公堂，我还得负债累累，只为延缓那不可避免的结果。我看不出这有什么意义。

于是他们走了，去到匹兹堡，在那里他们找到了新家和很棒的学校，能让杰克适应得很好。而我一度可以接受。我以“这是最好的结果了”说服自己，尤其是对杰克而言。我会尽一切所能地搜集他的照片，更新他的消息，参与到关系他教育和健康问题的决定，定期跟他语音会话，定期前去拜访。我完全没想到他们到那儿收拾停当之后会没有照片——几乎没有任何消息。允许拜访，但至于他生活的细节和培养的细节，我觉得自己完全被排除在外。我长久以来都把简排除在我的生活之外，以致她需要一个全新的开始，而她最不想去做的就是让我能随时得到他们的消息。

对于她依然允许我去见杰克，我很感激——很多女性是不会这样做的。杰克和我每周打两次网络电话，尽管从我家到他们门口需要25个小时，但我会尽可能多去几次，待在旅馆里，尽自己所能为他而坚强一些，即便我非常脆弱。

我会离开家，飞到纽约或是波士顿，等四小时才有去匹兹堡的联运飞机，之后直接从机场打车到他们家，接上他，然后去旅馆，与他一起度过四或五天时光。我第一次这么做是在圣诞节前。

哈蒂和我分手了一阵——我崩溃了，并错误地觉得，我就是不能在情感关系中表现得像个成年人。我感到压抑、不知所措、惊慌失措，又因为我的儿子在5千英里（约合8046公里）以外而感到极其悲伤，于是，理所当然的，我的解决方案是确保自己孤身一人。这是我对一切让我惊慌失措的事情的默认回应——从那些爱我的人身边离开，而不是走向他们。我的悲伤会淹没她，这会把她推开，所以我必须先发制人，先下手为强。我这愚蠢的傲慢。

我来到匹兹堡，接杰克去了我的旅馆。天非常冷，冰天雪地，阴暗凄凉。他这时7岁大了。

什么人能找到合适的言语来跟一个小孩子解释，他为什么住在世界的另一边，离开了他的父亲，他的朋友，他过去的生活？该如何解释在成人之间的爱有时会随着时间变淡，但对孩子的爱只会与日俱增？当面对无懈可击，但又无比悲伤的7岁孩子的逻辑——搞不明白为什么妈妈和爸爸离婚了，就不能住在对门，该如何给出孩子能明白的解释？

这是个难忘的时刻，早上4点，我受时差影响，忽然意识到我是发生在我儿子世界中一切坏事情的缘由。

然后我又想起身处伦敦的哈蒂，这时大概已经打扮齐整，出门见朋友去了，毫无疑问她会撞上些男人，也许甚至是她刻意的，想着我也永远失去她了。我在这深坑中坠得更深了。

我打电话给她。情不自禁——她是第一个，也是唯一一个真正了解我的人。她在我毫不掩饰的时候遇到了我，解决了我全部乱七八糟的问题，她遇到的是真实的我，不是一系列症状，或是一个小心翼翼地精心布置的谎言。我想这就是为什么我觉得这段感情如此困难——对于这样的生活我完全是个新手，是本真、自我的初学者，努力不失足成为误入歧途的自己。而她依然爱着我，尽管看到了被掩盖的是什么。

依然很亲切。她的声音里满是宽慰、爱和同情。她说等我回来的时候她会去希斯罗机场，我只需好好度过接下去的48小时，打几次出租车，去几个美术馆和有比萨的地方，给杰克留下些美好的印象。我统统照着做了。然后当我回到英国的时候，她就在那儿，早上6点钟等候在出站口，带着我见过的最亲切温和的笑容。

我们回到家，泡茶，做爱，她放下过去，再次跳回我们的感情中。由于我的阴晴不定，她的心更动摇了那么一点儿，也更脆弱了一点。

我和杰克有了一套某种固定程序。我会每年去他那儿两次，他妈妈会因为公事每年带他过来两次，我们会每周打两次网络电话，当因他不在身边的痛苦太深时，我就尽最大的努力专注于其他事情，比如哈蒂和钢琴。

破产越来越让人抓狂了。在古典音乐的黄金时代能赚到少但足够的钱，但是一切从零开始的时候什么都得不到。跨大西洋的机票钱、离婚律师、心理医生、房租加起来就令人恶心了。我在几年以前考虑当经纪人的时候相当偶然地遇到了一个叫作邓永锵的家伙。他是个出生在香港的亿万富翁，招摇、可怕、聪明又有着出乎意料友好。我们相遇是因为我听说他是索科洛夫的粉丝，我觉得要是我想自己开演出公司的话他可能会是个可以认识一下的人。于是我找到他的地址，给了他一堆从索科洛夫经纪人那里得来的私录录音，我知道他不会有这些。第二天他打电话过来，叫了他的宾利车和司机来接我，带我去他家喝茶，然后几天后又带我乘机去威尼斯凤凰剧院[1]看索科洛夫的音乐会作为答谢。

大多数人只寄张贺卡就罢了。

我打电话给他，约他喝咖啡，以我典型的操控别人的方式让他了解到我正处于困境，但还不想认输，不想回金融城上班，问他可不可以帮帮忙。他答应了——甚至还没真正讨论，他当即就打电话给一个私人理财顾问，给我的账户办理了每月的委托汇款业务，就好像他只是在星巴克点了杯咖啡。

要是没有他我就不会还在这儿了。哪怕有什么奇迹让我还维持着，我也肯定不是在弹钢琴。他的钱帮我还了医疗费、欠鲍勃的钱，让我可以请其他的心理医生，买了一架更好的钢琴。它为我争取了练琴的时间和空间，让我的头脑相对温和，

---

1 凤凰剧院（La Fenice），位于意大利威尼斯的一座歌剧院，始建于1774年。因为见证了歌剧的历史，尤其是美声唱法盛行的19世纪歌剧的历史而具有举足轻重的地位。

容许我考虑那些我必须要关注的事情。这是为我而做的罕见而非凡的事情。他觉得我弹得很好，想帮我解决困难，没有要求任何回报。这一善举让离婚后举步维艰的头18个月里的一切变得可能。一些事情我永远无以为报，起码不能立刻偿还。将来会有我把欠下的每个子儿都还他的时候。我希望未来有机会让我对其他人也报以同样的仁慈。尽管现在我只能记着他对我的慷慨，瞠目结舌于他的乐善好施，并尽力不让他失望。有时我觉得自己是我所认识的最幸运的人。

第十五曲

拉威尔,《G 大调钢琴协奏曲》, 第二乐章

钢琴：克里斯蒂安 · 齐默尔曼

拉威尔创作过两部钢琴协奏曲。其中一首是只为左手而作的（受保罗 · 维特根斯坦委托，一位在第一次世界大战期间失去了自己右臂的奥地利钢琴家），另一首是在美国之行之后作的，在那里，他邂逅了爵士乐的世界——整部作品都深受摇摆乐和烟雾缭绕的哈莱姆爵士乐俱乐部的影响。

他花了两年时间完成这部作品，其中有可以说是所有协奏曲中最优美的慢乐章。我记得在孩童时代读到某个人的采访（万分沮丧的是我不记得那是谁了，只记得他是个牧师或是类似职业的人），被问到如下问题：如果世界末日来了，你有最后十分钟的时间，你会做什么？他回答说他会倒一杯非常贵的苏格兰威士忌，听这支曲子。

它的每个音符都浸透了拉威尔的血汗。他给一个朋友写

道:“要知道,《G大调协奏曲》花了我两年时间。开头的主题是在牛津和伦敦之间的火车上进入我的脑海的。但初步的想法不值一提。一部精雕细琢之作就此开始。我们已经经过了作曲家被灵感砸中,急不可耐地在纸片上涂写下音符的时代。写作音乐百分之七十是智力活动。”而关于第二乐章,他说道:“这些流动的乐句!我是一小节一小节苦思冥想出来的!这几乎要了我的命!”

这曲子包含了他需要巩固自己位列法国顶尖音乐天才这一名声的一切——非凡的旋律,毫无瑕疵的配器,以及难以用言语形容的深切情感。

我正建立着一些振奋人心的东西,尽管还是难以定义的——和哈蒂一起,艰难地了解到不自我毁灭的生活是困难的,异地远距离地当父亲不是在公园里散步,以及,人生中第一次敢于做梦想中最最挚爱的职业,起码潜在上是可行的。

我更深地投入到练琴中,学新的曲子,磨炼技巧,准备,准备,再准备。第一张专辑准备好了,在走编辑的流程。我们决定叫它《剃刀、小药丸和大钢琴》(*Razor Blades, Little Pills and Big Pianos*)(以下简称《剃刀》)。这标题太具有自传意味了，这七个单词可以用来定义我大部分的人生，但愿它与众不同到足够吸引音乐类媒体的眼球。我受够了那些艺术作品——如果我他妈的再看到18世纪法国水彩画或是一张笨拙难堪、奇形怪状的钢琴家照片在古典音乐唱片封面上我就要吃了自己的脸。我们想办法说服了丹尼斯·莫里斯——有段时间曾是鲍勃·马利[1]的御用摄影师，也与性手枪乐队合作过——来为我拍照片，最后完成的唱片封面看起来远离了典型古典音乐唱片的样式，以致少数几个古典音乐乐评人以为唱片放错桌子了。一位美国记者甚至说，我有太多照片都戴着墨镜，所以他以为我是个盲人。这让我还相当自豪呢。他妈的为什么不呢？为什么不弄些封面花样，让它能引人注目，看起来也略微更能被普遍接受，有着更大的机会吸引到第一次接触古典音乐的聆听者，而且不会让一个女孩看到它在你的咖啡桌上的时候立马不再想和你亲热呢？

于是，商店里就有我自己的唱片出售了。我可没有用糟糕的MP3播放器自己录音，把它烧录到唱片上，再用电脑打印出一张劣质的自制封面——很丢脸的是，我过去这么干过。抛开自负，这对我而言是个重大的时刻，感觉像朝我从童年时就一直梦想着的职业迈出了巨大的第一步。

---

1 鲍勃·马利（Bob Marley，1945—1981），牙买加歌手，因将雷鬼音乐传入西方的杰出贡献而被尊称为“雷鬼乐之父”。

2010年，《剃刀》这张唱片发行几个月后，BBC联系丹尼和我，想让我们去为肖邦的200周年诞辰做一期纪录片。这是我的第一次电视任务，也是一次真正让人兴奋的经历。我去了波兰，见到了肖邦出生的地方，在那房子里他度过了青少年时期，见到了存放他心脏的柱子，他用来作曲的钢琴。我们去了巴黎，午夜时分在旺多姆广场进行了拍摄，在镜头前即兴弹了一些片段。我就钢琴的问题采访了传奇的钢琴家艾曼纽尔·阿克斯和加里克·奥尔松，他们都聊得很兴奋。我们拍摄了好几段我的音乐会的段落，我在里面弹着肖邦。这整个事情都挺有趣的，基本上是我能找到的不涉及毒品的最大乐趣了。我那时发现电视节目确实也是我想要关注的事。它当然是啦。经过编辑，我的声音听上去清晰了一点，还有人付钱让我谈论我原本就能聊得滔滔不绝的事情，更能周游世界去见我的英雄们。

那时丹尼已经安排好了一些更为重要的音乐会：有一场在伊丽莎白女王音乐厅，在那里我见过大多数孩童时期的英雄们弹琴，从索科洛夫到齐默尔曼到布伦德尔。还有一场在圆屋剧院[1]，那里举办过各种类型的演出，从平克·弗洛伊德[2]到吉

---

1 圆屋剧院（Roundhouse），位于伦敦市中心北部的一处由铁道机务段改造的音乐演出场所。

2 平克·弗洛伊德（Pink Floyd），一支英国摇滚乐队，主要活跃于20世纪70—80年代，他们的代表作专辑《迷墙》（*The Wall*）是一张影响了世界的经典之作。

米·亨德里克斯[1]，形形色色的音乐家都在里面表演过。

他和我有天早晨边喝咖啡边聊起这些音乐会。钢琴独奏音乐会一直遵循着神圣而严格的形式。演奏者身着白领结和燕尾服（或起码是西装或无尾晚礼服）。不讲话。走到台上，弹琴，离开。听众有曲目说明——音乐厅的灯在很高的地方所以他们能在演出过程中阅读，不能喝饮料，在乐章中间鼓掌会遭人白眼，听众需要足够了解曲目，到“懂音乐”的程度。

“你还记得你第一次在斯坦威展示厅里弹琴给我听吗，那首《恰空》？”他问我。

“当然记得——太美好了！”

“我正想着这事呢。你是怎么唧唧喳喳地谈起这曲子，谈巴赫、这支曲子对你的意义，然后你就坐下弹了它，然后你又跳起来，说去喝咖啡，就像你刚才完全只是做了件平淡无奇的事，而我还依然处在受到震撼的情绪中。我那时在想，我们也开一场这样的音乐会吧？

“在每首曲子之间，你介绍曲子，谈作曲家，和听众聊天。你用你自己的话，而不是曲目说明上那些牛津老先生们的论文。你随意着装，我们一直都把灯关着，我们让音乐会变成

1 吉米·亨德里克斯（Jimi Hendrix，1942—1970），美国著名吉他手和歌手，被广泛认为是流行音乐史上最具影响力的电吉他手之一。

更身临其境、非正式的体验。你觉得如何？”

常言道，每个好主意都是从亵渎开始的。问题是，对我而言这听起来是完美的计划。上帝啊，我多么希望听到自打我小时候开始听音乐会起见到的钢琴家们中有谁对听众真正说起话来。想到如果能听到基辛或是齐默尔曼或是李赫特讲为什么选择弹这首贝多芬奏鸣曲、这曲子对他们意味着什么，就会立马觉得非常赞。古典音乐产业只迎合一小部分人，特别是在英国。在极大程度上，它是由浮夸、过时的傻瓜们运作着的，他们以异于常人的兴致维持着“合乎体统”的音乐，让它被理解为作为持有足够财富（因此也足够聪明）的少数精英的特权。贝多芬是他们时髦的房子，他们想邀请的只有那些知道吃鱼的时候用哪把叉子，以及克氏编号[1]和作品编号之间区别的人。

古典音乐有如此多的问题、疑难杂症和困难。作为一个音乐类型，它看起来等同于“哭淫”——手淫的时候哭泣，因为你对自己的所思所想感到无比羞耻。古典音乐必须停止为自己辩护。诸多错误需要被指出并虚心接受，在能有永久性改变的希望前进入康复模式。

---

1 克氏编号（Köchel catalogue numbers），奥地利音乐学家路德维希·里特尔·冯·克歇尔（Ludwig Ritter von Köchel，1800—1877）对莫扎特作品编录所作的编号，而大多数作曲家都采用“Opus”（简写为“Op.”）为作品编号。

首先，也是最主要的，名字。古典。为什么？就像我在这本书的一开始提到的那样，它给人以陈旧、过时、毫不相干、难以理解——且最重要的是无聊的印象。新制作的《李尔王》会被称作“古典”戏剧吗？我们会去看一个在“古典”艺术画廊的展览吗？才不会呢。音乐却不知怎么，总执着于把自己跟一切分离开来。古典音乐广播电台、古典音乐会、古典音乐作曲家、古典音乐杂志、古典音乐唱片部、古典音乐家。随意用“古典”一词来指代高雅、聪慧、值得尊敬的和更深奥的。反正大多数古典音乐世界中的人都表现得有以上这些品质。

这诡异、折中、封闭的世界的另一个大问题是——理所当然，置身其中的大多数人把“蠢笨”加入到了“古典”中去。他们被归结为四种截然不同的类型：演奏者、把关者、唱片公司高管和评论者。任何的归类方式都让在这产业中真正热爱着音乐和想让它变得充满活力和平易近人的人成为例外。但是任何外行人会看到绝大多数的从业人员是如下这样的：

a）演奏者。通常都社交无能且极其笨拙。几乎总是有阿斯贝格综合征/自闭症症状（就像我一样——不是批评，但这确实让我们很难打交道）。衣着品味可疑又可怕（要么是恋童癖才穿的毛衣，要么是不合身的白领带和燕尾服）。阉割情感，要么毫无性欲，要么走得全然是坎普风，连环杀手一般奇怪，说话含糊的疯子的平均数量要高于有性恋物癖的人。毫无例外地，有着极高的智商，但是几乎不能进行正常的社会交际。每场音乐会他们就只是出现，演出，然后离开。在极其罕见的情形下才会和听众混在一起，往往只在唱片公司的要求下这么做，那是他们被要求在音乐会后签售CD。对听众讲话（除了偶尔会单调地读一下返场曲目）几乎闻所未闻。这些家伙（和女孩们）——可能远超过其他任何人，成为古典音乐今天处境的罪魁祸首。社交焦虑往往只是自负的面具——拒绝在不够有声望的地点演出，断然拒绝与粉丝和听众的互动，大体上的态度就是“让我一个人和我的天赋待着，因为这已经足够成就一切了”。一点都不够呢。别再这样了。

b）把关者。这些家伙（百分之九十九是“老、白、男”）是那些运营着音乐厅和演出机构的人。在当下，由于听众锐减或离世，公共资助削减，他们不得不向更年轻的、新一批的听众摇尾乞怜，向他们敞开大门，但是在现实中又全然因为他们错误的空洞姿态，被视作给孩子耍的把戏而搞砸了。比如时不时开场深夜音乐会，或在宣传册上使用稍微有些不同以往的字体。大多数时候他们采取中立态度，喝着香槟酒与那些富裕又年老的赞助人们甜言蜜语，以所有改变都是荒唐的坏事情、更年轻的观众会对这个行业带来灾难性损失的假定来经营，而他们的音乐厅/乐团/机构正恰如其分地运营得完美无缺，非常感谢。这就好像“伯尼”·麦道夫[1]的妈妈勇敢地在暗处以不可动摇的信念吹嘘着整个事件不过是可怕的误会，她的钱完全是安全的，没什么坏事情要发生。

对我而言最卑鄙的部分就是他们的假定会使初来乍到的年轻听众贬低古典音乐世界。上帝禁止有人穿着牛仔服出现，在“错误”的地方鼓掌。除非你有大英帝国勋章、文学硕士学位、理学硕士学位，受过牛津剑桥的教育，收入超过8万英镑，打着温莎结，成为你自己的拙劣模仿，否则就会削弱那个精准无误、彬彬有礼、无比脆弱且有文化上的圣洁性的古典音乐世界。去英国任何一座“既定”的音乐厅里，你都会看到听众由百分之十的音乐学生、百分之八十五的超过50岁的人（符合，或是远超过以上的标准），还有百分之五规矩、普通的音乐粉丝组成，他们一点儿都不自命不凡，对古典音乐有真正的热爱。（这段文字看起来如此陈词滥调，因为这非常真实。）

c）音乐唱片公司。（一贯的）小型、羞耻、幼稚的唱片公司，由善意、温良而毫无一丁点儿商业头脑的人运行着，没有欲望尝试哪怕一点点不同的东西。无聊、死气沉沉的唱片封面和宣传海报的提供者（艺术家们看起来都像在便秘/法国水

---

1 伯纳德·劳伦斯·“伯尼”·麦道夫（Bernard Lawrence “Bernie” Madoff，1938— ），美国前纳斯达克股票交易所主席，股票经纪人、理财顾问，因设计旁氏骗局致使投资者损失500亿以上而被判监禁150年。

彩画/柔和色彩的抽象场景/郎朗的手指被画成钢琴键盘，令人发指）；唱片套上的介绍是由那些写过18世纪奏鸣曲曲式的学者写的；营销预算只有30英镑；满不乐意去HMV[1]地下室和上千张其他类似的产品争取更好的摆放位置，你需要戴着头灯，放下无地自容的羞愧感才会进去那里。若要公司总裁（也兼当研发、营销、复印机和辅助女优）打个电话给iTunes、HMV、亚马逊去寻求任何形式的广告宣传或是跨渠道营销，都像要波尔布特[2]领养一只被救的小狗一样有违本性。这些家伙多年以来缓慢但稳步地榨干着行业的血脉。也有——谢天谢地——几个引人注目的例外，他们开疆拓土，承担了一些风险。他们要是早出现个五年，就多少能拯救这僵死的局面了。

传统的主要公司（索尼古典音乐、德意志留声机、华纳古典和爵士音乐，等等）的衍生产品恐怕是最可悲的。它们中的大多数被逐出总部，降格到落魄的工业园区里，只有三个员工，预算冻结了一年又一年，新的签约总被否决，作为主流厂牌的小弟而感觉无地自容，但事实证明它们就是专对老奶奶下手的连环强奸犯。由于被闪耀的主流大兄弟无视又嘲笑着，它

1 HMV，一家源自英国的环球唱片连锁店，名称是“它主人的声音”（His Master's Voice）的缩写，源自它“小狗听唱片”的商标图片。

2 波尔布特（Pol Pot，1925—1998），柬埔寨共产党总书记、红色高棉最高领导人。

们不得不靠着1950—1960年代这段黄金时代的录音存活。

显然，对他们来说最简单易行的出路是跨界。吸收一系列热门新鲜的东西，包装一下，把它们收录成短小的、从大作品里截取的著名的选段——比如《丛林流浪》[1]的改编，还有《歌剧魅影》。绝望地希望一下人们会相信这是“古典音乐”这谎话，并真的花钱买下它们。

d）评论者。孤独、失败、怨气满满的音乐家，人神俱愤的学术白痴。古典音乐一切问题的缩影。这群冷嘲热讽、恃才傲物、半吊子又恶毒地大吵大闹的家伙，不会被任何其他领域的记者认真看待，却欢欣地把他们的文章卖到25便士一个字的高价，卖给少数那些愿意关注的人。大多数的古典音乐评论应该被看作发脾气的超重小孩，他们熬过了好几年的威吓，早就放弃了他们想做的任何有创意和值得一做的事情，只坚持着让任何愿意倾听的人（基本上也就是其他评论者，老态龙钟的古典音乐听众，古怪的音乐学院学生和少数高等法院的法官）厌烦到死。

很明显，音乐界有重大的问题。有权有势的人大多数看

---

1 《丛林流浪》（*Waltzing Matilda*），澳大利亚最具代表性的民谣，因为广为传唱而被认为是“非官方的国歌”。

法狭隘；幼稚的拒绝成为企图吸引更广泛听众时产生的巨大恐惧和守旧思想的温床；绝望地紧抓着熟悉的东西，尽管有确凿的证据表明他们的船正在下沉；厌恶并立即抨击任何胆敢尝试在古旧音乐中尝试新的东西的人；最令人绝望的是一种贪得无厌的欲望，想把这美妙的音乐占为己有，只选择少数符合他们标准的人作为有价值的听众。

古典音乐幕后的这些人看起来忽视了作曲家们本身就是最初的摇滚巨星这一事实。今天“摇滚巨星”这个词会让我们想起《热度》[1]上的照片、刺青、像“清醒分手”[2]那样的愚蠢用词，以及成为《英国达人》的评委。在过去，摇滚巨星意味着一头乱发、某种性病、精神疾病、贫困潦倒。他们很大程度上是精神错乱、败坏人心的混蛋天才们，会对今天那些古典音乐守门人如此严防死守着的演出形式笑掉大牙。看到此情此景，他们不会把电视机扔出酒店窗户，他们会自己纵身一跃。

贝多芬搬过70次家。他很笨拙，协调能力很差，不会跳舞，刮胡子的时候会刮破自己的脸。他郁郁寡欢，生性多疑，难以取悦，邋遢又易怒。然而他踏上了改变音乐历史进程的道

---

1 《热度》（*Heat*），英国最热销的娱乐杂志之一。

2 “清醒分手”（conscious uncoupling），源自凯瑟琳·伍德沃德·托马斯（Katherine Woodward Thomas）的同名畅销书，用以避免夫妻分手时恶意相对，后也被娱乐明星引用，较著名的有美国影星格温妮丝·帕特洛（Gwyneth Paltrow）与英国酷玩乐队主唱克里斯·马丁（Chris Martin）的分手声明。

路。在1805年他写了《“英雄”交响曲》，以一股强力将音乐拉到了19世纪。当时其他作曲家都在取悦他们的听众，而贝多芬却把门踢倒，在他们的座位底下放了炸弹。若迫使他的听众在静默中坐着，不能在乐曲中鼓掌喝彩，这肯定会让他失声大笑。

舒伯特，绰号“小蘑菇”，因为他是个只有五英尺（约1.52米）的小个子并且奇丑无比，在追女孩上总是遭到惊人的失败，在极其罕见的情况下他确实把到一手，结果却得了梅毒。他的一个朋友说：“他对喜悦如此有力的渴望而把他的灵魂拽到了道德堕落的泥沼里。”舒伯特——据他自己承认，活在“除了作曲没别的目的”的世界，在他生命的最后12年，他总共只赚到了相当于今天7000英镑的钱，而他生前出版的作品不超过百分之十。他身无分文、过于敏感、头发稀疏、住在擅自占用的空房里，一直过着痛苦的繁重生活。他会在乎他音乐的演奏者或是听众有没有穿着正装吗？

从舒曼（他独自不幸地死在一家精神疗养院）到拉威尔（在第一次世界大战中开过大卡车和救护车，这段经历永远地改变了他），伟大的作曲家都是精神崩溃的天才，而如果他们到今天这些寻常的音乐会，看到与他们音乐相关的票价、听众、表现和做作态度，他们真心会被恶心到。

怪不得我这么孤注一掷地想要做点儿不同的东西。

我多么幸运，找到了和我立场相同的经纪人。他现在不仅是经纪人，还成了导演。在圆屋剧院开音乐会的前几天我们去了斯坦威展示厅，我把整个曲目从头弹到尾，聊着巴赫、贝多芬、肖邦，曲子，选择原因，时代背景和表现方式。这确实会稍微影响到弹琴的注意力，但还不会严重到影响曲子的完整性。我只要再集中注意力一点儿，记住多一点儿内容，并尽力不要说些不合适的话。

音乐会的日子来了，我为音乐厅调整声音。观众席周围有八个摄影机，对准键盘的摄像机有很好的视角，在舞台上还有两个巨大的屏幕。我们想着在我弹琴的时候以不同的角度做实时转播。这样的话坐在便宜座位上的人也可以把一切看得很清楚，而在那些特别难的段落，我花了上千个小时来练习的那些部分，每个人都能看到我的手的特写镜头，因为这样看起来棒极了，而我又十分虚荣。

这是一次令人难以置信的紧张体验。从音乐会后的反馈中我们发现，大多数到场的听众此前从未去过古典音乐会，听众的平均年龄大概近30岁，和威格莫尔音乐厅50岁以上的那群常客大相径庭。我介绍那些曲子，讲述作曲家背后的故事，弹出了我的心声，然后想把这整件事再做一遍。

我记得小时候看过古尔德在莫斯科与观众聊天、伯恩斯坦在指挥一首又一首杰作前在舞台上讲话的视频，但是我不记得最近有任何人在古典音乐会的演出前详尽地说了什么，除了丹尼尔·巴伦博伊姆[1]几年前在节日音乐厅的指挥台上简要地说了几句勋伯格（这是如此悖离传统，以至于被新闻报道了）。然而，讲奇怪的笑话，分享巴赫闯荡生活和与女人的轶事，贝多芬几乎就要被他那酗酒的父亲毒打到死，以及聊起为什么我想要弹这些特定的曲子，看起来成效显著。让观众为讲话和演奏鼓掌，在古典音乐会上听到笑声，看来确定了这将是一个很好的前进方向。我终于在做我一直以来梦想的事情了。我从未感觉如此心满意足。

于是在几周后我们做了完全相同的事，只是少了屏幕，在伊丽莎白女王音乐厅。再一次地，一群年轻的观众，后台技术人员因为从未给古典音乐演出扩声而露出困惑的表情，笑声，音乐，低亮度，在我弹琴时观众中没有一丝声响，在演出后与一些来听音乐会的人一起去酒吧。于我而言，这是开音乐会的完美方式。它剔掉了环绕着古典音乐产业如此深重的胡扯和自负，且对我们为何开始做这项工作的初衷——音乐——保持忠实。

古典音乐中有那么多该死的规矩：着装规范、演奏实践、

1　丹尼尔·巴伦博伊姆（Daniel Barenboim，1942—　），出生在阿根廷的以色列籍钢琴家、指挥家。

曲目说明、灯光、呈现方式、音乐会形式、鼓掌、曲目选择、时长、演奏者和听众的礼仪、场地选择，等等。

丹尼和我只设立了两条原则：永远不做跨界音乐（我不是反对这个流派，而是因为已经有那么多那么多古典音乐的曲目摆在那里了，所以我对它不感冒），也绝不简化音乐（很大程度上是同样的原因）。其他一切都是合理的，都可以放手一搏。所以如果我发现我的某场音乐会没有售空，我会告诉丹尼，去把剩余的票免费赠送，因为——我们为什么不给少数人一个机会来参加一个免费的音乐之夜呢？幸运的是，也令我的赞助商喜悦的是，一切进行顺利，我们不用再这么做了。重点在于——也一直是，喂饱听众，选择不朽且易于理解的音乐，尽可能地弹好它，谈音乐，穿着舒服的衣服，而不是拘泥于1930年代的演奏实践，让听众带着饮料进来，调整灯光到几乎漆黑一片，令人沉浸于音乐，感到亲密、兴奋，以及，涨了见识。撕碎规则手册，做感觉正确的事。

我们确实做着当初想做的事。要在这行业找到志趣相投的人，以开放的眼光、不同的方式看待和呈现古典音乐，这既困难又令人沮丧。我知道这世上那些不朽的钢琴家们，像基辛、齐默尔曼、阿格里奇，永远都会有一群观众，也应该如此。但是更重要的是，我知道单单在英国就有起码4500万人从没有完整听过贝多芬奏鸣曲，这是令我深深沮丧的事情。我并不是要劝诫什么转变，也根本没有对任何人劝诫。这么做只是想尽可能让更多的人听到此前从未听过的音乐，用一种对每个人而言都平易近人、舒适的方式。这并不是什么使命——像连环杀手去履行使命那样——但是这感觉同样紧急、重要和真实。除了哈蒂，那时没有其他任何东西在我生命中达到这样的地位。

我们开始得到许多媒体的关注，有好的也有坏的。在《每日电讯报》有些傻帽儿写文章如此开头：从未听说过我，从未听过我弹琴，从未去过我的音乐会或是听过我的专辑，但是我是个想要以穿着运动鞋和牛仔裤“拯救”古典音乐的自大的混蛋，而古典音乐本身明明很好，真是谢谢你了，等等。我们知道会发生这样的事情，尤其是在那些老派的古典音乐阵营里。出乎意外也令人愉快的是专辑和音乐会获得的好评数量。我知道应该宠辱不惊，但我也是人啊，所有这些东西是会影响到我的。任何说不受评论影响的人都是胡说八道——特别是我们之中那些一开始就感觉像是大骗子的人，尽管知道那些负面的评价是真实的，却依然不相信。

如果你认为去钢琴独奏会就像去看牙医一样，那么可以考虑来听我的一场音乐会。带个伴儿，意识到这是一个随性、包容的场合，只有音乐是最重要的。而如果我不是你的菜，那么可以去威格莫尔音乐厅或是节日音乐厅，立即去听史蒂芬·赫夫、丹尼尔·特里福诺夫或任何一位在做巡演的重量级钢琴家的演出。看看有什么新动向，以及它将通向何方。去感受如此鲜活的音乐是一种非同凡响的体验。

我头一回真正在生理和心理上都处于非常好的状态中。有个善良、美貌的女朋友，一位专注、有天赋的经纪人，音乐会和音乐成为我世界的中心，我梦想中的职业可实现的几率缓慢上升。也慢慢接受了杰克在另一个国家的事实，但与此同时也希望自己能与他保持某种关系。

第十六曲

舒曼，为钢琴而作的《幽灵变奏曲》

钢琴：让-马克 · 路易萨达[1]

作曲家和精神疾病如影随形，就好像天主教和罪恶，或是美国和肥胖的关系。舒曼也是患有严重抑郁症的人，自己跳进了莱茵河，自杀不成功后，他自愿被关进精神病院，孤单又害怕地死在里面。

在尝试自杀前他写了这部《幽灵变奏曲》。这么称呼它是因为舒曼说，是幽灵把开头的主题口述给他的。

是的。有点儿精神错乱了。

我想不到有比这更私密、与世隔绝、强烈，且具有凝聚力的钢琴作品了。它的主题很少用超过“强”的力度，是个赞美诗，缓慢、温和地发展成一些远超过言语的东西。这就是暴

---

1 让-马克 · 路易萨达（Jean-Marc Luisada，1958— ），出生于突尼斯的法国钢琴家。

露在我们眼前的舒曼精神分裂，又抑郁失落的世界。

在那时所有正要进行的媒体宣传工作之中，我也接受了《星期日泰晤士报》的访问。其中我提到了在学校时发生的性虐待——一篇两版报道中的一小段。我过去的小学教务长读到了它，并和我取得了联系（很显然，脸书很擅长于此）。她说她一直知道当时发生过某种虐待（尽管出于天真，她没想到是性方面的），因为她曾发现我哭泣，腿上有血，并恳求不要再上体育课了。她曾跟学校的领导说过此事，但回复真有1980年代的风格："小罗兹需要坚强起来。没事的。"她也这么做了。她告诉我她辞职当了监狱牧师。然后，在数年后的现在她读到了我的采访，和我取得了联系，想看看是否有办法弥补一些事情。晚了他妈的25年，但依然是个惊喜。不过我对她的沉默还是感到少许的愤怒。

她去警察局做了一份口供（见本书第二曲）。警察一收到它，我和我的经纪人就去找他们，我们又试了一次。丹尼可能提到了新闻报道和唱片公司的律师。他们肯定找到了那家伙。他已经70多岁了，在马盖特工作，为不到10岁的男孩当兼职拳击教练。

在冗长的询问过后，他们逮捕了他，并以十项鸡奸和强暴猥亵罪控告他。

所以当有人说我这么讲起自己受虐的事只是为了卖唱片或是博得同情（确有此事），我就告诉他们这个故事，并且问他们：那家伙还能继续训练他们8岁大的侄子/外甥/儿子/孙子，是否还希望我对性虐保持沉默。一群蠢货。

我最后从伦敦警方听到的消息是他中风了，被认为不适合受审。他在我得知这个消息后不久就死了。很多我读过的书和我参加的互戒小组都提到过原谅。他们建议给那些伤害我们的人写信，尤其是当他们去世了，说说他们的行为对我们以及我们所爱的人的影响。这本书在某些方面就是这样的一封信。这是我给你的信，彼得·李，当你在你污秽的坟墓里腐烂的时候，我要让你知道你还没有赢。它不再是我们之间的秘密、绳索，或任何一种同你私密、亲密的联系。你对我做的没有任何一件是无害的、令人享受的或是怀有好意的，无论你怎么说。它是彻底令人憎恶的，是对于天真和信任的强烈侵犯。

我只能希望像李这样的人——那些主动寻求和发泄针对儿童的性欲的人看到——真正看到，这会造成怎样的伤害。若是将它冒充或解释成是两相情愿、可接受的、一种爱的表达，那么这种说法与真相的距离正如与实现它的可能一样遥远。

原谅是个值得称道的概念。这是我渴望的事情，即使有时这看上去仅仅是一个不可能的——如果可取的话——白日梦。我的生活中有太多的虐待事件。我决心分享其中我还能应付得好、不至于让自己崩溃的部分。这对我来说已经足够好了。必须如此。其他我过去生活中的人，他们应该知道更多，也应该了解得更深，他们将与自己讲和，我也正如此尝试。也许某天我会原谅李。更有可能的是我能找到原谅自己的方式。但是真相是，至少对我来说，对儿童的性侵很少——几乎没有能以原谅结束的。它只会引向自责，发自肺腑地指向自身的愤怒与耻辱。

这可是对孩子的性侵啊。

有些人读到那些表述感到惊骇，有些则被挑逗了；有些感到愤怒，有些却兴奋了。仅仅是写下这个词就能看到这些反应，真的很有趣，我想失踪一阵子，做更具有破坏性、更叫人心绪不宁的事情来避免让人产生这些感受。30年后我依然被困在这里，处于痛苦之中，并感觉这都是我的错。只是因为我写了一点关于这事情的东西。这糟心事的内在力量在于它不过是以人行道上擦身而过的冷笑来恶心你，这很可怕。

当吉米·萨维尔的案子[1]显露出它丑恶的苗头时，我应邀

1 吉米·萨维尔（Jimmy Savile，1926—2011），英国广播公司资深主持，2012年10月他被揭发曾性侵多名未成年女性，遭侵犯的受害者人数高达200人。

给《每日电讯报》写篇文章。这时候我已经在媒体中有了一点话语权和地位，这让我能够谈论类似这样的事情，以期用小小的努力改变已经发生的事情，因为人们已经开始谈论它了。（全文见本书附录。）写这篇文章让我在之后的几个星期都有些迷糊，因为它确实给了躲在黑暗和藏在我心里不停啃噬着我的某种东西以氧气。

但是在这样的话题上提高曝光率是非常重要的。获得数以百计的支持，收到有过类似经历的人们发来的感谢信告诉我：这话题需要被更多地讨论下去。

丹尼和我在我的音乐生涯中迈出了小小的一步。发布了一张专辑，一些媒体报道，几场音乐会。我们有好的想法，我们幸运地有GHP公司——从Stomp[1]创办起就开始操办他们演出的那家巡演剧团公司——参与进来，帮助把关古典或是非古典的演出场地。这着实足够让我忙活的了，但是尽管上了一条更平稳的船，我每天依然有固定的时刻是被恐慌充斥着的——害怕失败，害怕几乎完全空白的音乐会日程，害怕我已经全身

1 Stomp是一个结合了敲击音乐、舞蹈与情境喜剧的表演团体。他们运用身体和不寻常物件来创造出富有音乐性的节奏。

心投入到成了音乐会钢琴家，但可能，在任何时刻，崩溃并以悲惨的失败终结。因为我过去在金融城、汉堡王，或是在任何工作中都有一模一样的感受。我会以失败为前提并被死硬地连接到最糟糕的情形中，相信脑袋里每一个消极的声音，预备着糟糕事情的发生。真的就是这样。在积极的方面它让我保持警惕，渴望，勤劳工作；而在消极的方面，它让我变得神经质，压力重重，可憎地嫉妒别人的成功。

我们也与音响工程师和制作人的团队回到录音棚，录制第二张专辑，《所有弗洛伊德信徒都靠边站》(*Now Would All Freudians Please Stand Aside*)(以下简称《弗洛伊德信徒》)。这句话出自我最喜欢的格伦·古尔德。古尔德这个音乐怪杰压根就不会去想别人怎么评价他或是他的演奏。他把巴赫演绎得前不见古人后不见来者；曾登上《时代周刊》的封面[1]；他的录音被放到“旅行者”号里，作为给外星生命的一个例子，让他们了解人类能有多棒。古尔德在1982年死于严重的中风——毫无疑问，他对处方药物的长期依赖功不可没。他在非常年轻的时候就退出了公众视线，因为他觉得听众总是怀有敌意，等着他出丑。他把此后的生命都投注到了录音棚里，因为相信录音以后会有长足的发展（也被证明是正确的），会有重

1 据目前可查证的资料，古尔德并未上过《时代周刊》的封面，疑作者记忆有误。

大的技术进步。他崇敬录音棚的安全感，以及它多么让人感到可靠，在录完五张专辑以后我依然完全同意他的看法。一些最有价值、最快乐、叫人难以自拔的时刻，都发生在录音棚里。

古尔德也是个标准的疯子。他在盛夏时节穿戴厚厚的大衣、帽子和围巾，在弹琴前往手上和前臂上倒沸水，像吃橡皮糖般吃药，凌晨3点打电话给他的朋友（和陌生人），哪怕他们睡着了也要和他们讲话，炒股，讨厌大公司，是古典音乐界里有史以来最接近摇滚巨星的人物。他年轻的时候也曾火得像电影明星。而他弹琴时近乎神。我很确定他那两张对后世产生巨大影响的《哥德堡变奏曲》专辑中任意一张荣登“荒岛唱片”名单的次数都远超过其他任何古典音乐录音。

在《弗洛伊德信徒》这张唱片中我决定安排另一组独奏曲目。我从不是整张唱片录一位作曲家作品的忠实粉丝，特别是在想要吸引新鲜听众的时候。有选择总是好的，而巴赫、贝多芬和肖邦是我的神圣三位一体。有迈克·哈奇把魔法注入声音和麦克风里，还有天才的制作人约翰·韦斯特（遗憾的是他不再和我们一起了，因为见鬼的癌症）让我轻松了许多。幕后的这些家伙从未得到足够的赞许，这些人绝对是把我那些明显冒险的尝试打磨到还算体面的专家。

《弗洛伊德信徒》一直是我最喜欢的自己的录音，也是最让我感到骄傲的，可能因为它收录了音乐史上最伟大的两个杰作，贝多芬的《奏鸣曲第109号》和巴赫的《帕蒂塔第6首》。我们选了一些采访片段放到专辑中，我讲起这些作品和录音的过程，希望没有过度到让人讨厌，滑落到（用洛杉矶口音）说“我的创作过程”的调调。

关于职业生涯。我们变得如此迷恋且习惯于由《X音素》和《英国达人》以及这类节目推出的“一夜成名”故事，很容易就觉得成功来得还不够迅速。我确实也曾希望——现在也是——我的事业进展得更迅速一些。这时我会看看自己欣赏的已经获得成功的朋友们——在出演《神探夏洛克》十多年前，本尼迪克特·康伯巴奇在《心跳》里以及太多不被注意的戏剧里跑龙套；在事业突飞猛进前，德伦·布朗在布里斯托的夜总会里用近景魔术浴血拼搏了更长时间。

我总有种内在的恐惧，害怕好事会悄悄溜走。除非我控制一切，驾驭它们，事必躬亲，被它们附着、推挤和追逐，坏事才不会发生。没有其他习惯比这对职业更具破坏性。它可能会带来短期收益，但是不可持续——你给人以大混球的印象，于是就没有人想和你一起工作了。

我得到的最大教训就是要放松，简单地享受正在发生的事，相信如果自己在做正确的事，那么好事自然会发生的。正因如此，我对一夜成名很警觉。我不认为它会持续下去——有点像情爱关系，它可能会非常激烈、热切，伴随着绝妙的性爱，大剂量的大脑化学物质的参与，但是它可能不会支撑得下来。但是如果慢慢来，放轻松，一边前行，一边学习，享受这旅途——这些东西会筑成坚实的基础，这样就可以持续终身。

当签约华纳兄弟唱片公司的时候我对此略懂一二。《弗洛伊德信徒》已经发布，并且获得了很好的评价，我在伦敦周边的盛会上表演——切尔滕纳姆、海伊和维度音乐节，给《每日电讯报》写稿，内容从一级方程式赛车（这世上最伟大的运动）到推特到贝多芬，基本上对所有事情都倾尽全力。在这段时间，我经介绍与史蒂芬·弗莱认识了。

我们通过我的捐助人、赞助和支持者邓永锵爵士认识。他打电话邀请我去一场音乐会，并叫我在克拉里奇酒店的酒吧与他碰头，在音乐会前喝上一杯。他告诉我史蒂芬·弗莱也会来，可能会在那儿。于是我就溜达过去了，当然，我一如既往地早到了一小时。弗莱坐在那儿，正喝着马蒂尼。当我介绍自己的时候他看起来有些吃惊，直到我告诉他自己是邓永锵的朋友，是来这里同他们一起听音乐会的，他才放松了一些，并邀请我一起喝酒。我问他最近都在忙什么，这很不像我，因为我常常会直接开始聊自己。他告诉我他刚录完一套关于新西兰、坦桑尼亚桑给巴尔岛，或是其他什么地方的濒危物种的节目，而我，由于紧张，一点儿混蛋，渴求受到关注，对他说道：

“伙计，谁他妈的关心那些长着蹼的，天晓得在哪里的鸭嘴兽？为什么不把注意力集中在那些近在眼前的动物，或是那些挨饿受苦、不幸孤单的人类呢？天哪。真是够了。”

他只是看着我，略感到惊奇，并尝试回答我。我们在遇到彼此的一分钟之内就有了巨大的分歧，我拒绝让步，全然洋洋自得，狂妄自大，在这样的情况下他则是尽可能地保持礼貌。然后，我们在晚上余下的时间里都保持着距离，感觉尴尬且有点羞愧，我选择了更简单的选项——认为他有点像傻瓜，我也这么和他说了，并尽我最大努力去忽视他。

然后我回到家，当我走进家门的时候收到了一条短信：“詹姆斯，遇到你真棒——你真是个可爱的人。远离愤世嫉俗吧——它不适合你，而且没有它生活会更轻松，并要更多地感受到爱，史蒂芬xxx。”

多好的伙计啊。我生活中只有极少数人能够一贯地以友善来应对我的疯狂。他是其中一个。

于是他和我成了好哥们儿，开始不时一起出去。他去过我在卡姆登区普劳德画廊开的音乐会。那里有着伦敦北部的时髦风格，挂着很酷的画，暴露的砖块，库特勒-格罗斯牌眼镜，和整齐修剪的胡须。他们抬了一台很不错的斯坦威进去，而我弹得也足够好了。愚蠢的是我选择弹阿尔康[1]的作品，因为我知道他是弗莱最喜欢的作曲家之一，而我想要他的认可（依然如此）。阿尔康真是个龟孙子。这家伙写了几乎不可能完成的音乐。而我完成了它，更多要谢谢的是肾上腺素而不是天赋，曲子完成得相当好。于是史蒂芬在推特上说我“实在了不起”，在伦敦西部某个地方，不为我所知的是，康拉德·威西——英国华纳兄弟的大人物之一看到了他的推特并开始听我的唱片。

在短短几个月内丹尼和我被联系并去与华纳旗下的摇滚厂牌签约。这在当时真是一件大事。他们有一个可观而受高度推崇的古典音乐厂牌——华纳古典和爵士音乐，但是要签在摇滚厂牌下，坚持主流的古典音乐这个念头让我很惊奇。终于，我们开始逐步解决古典音乐的隔离问题，有了我们身后像模像样的营销（我是说这些家伙可是曾把缪斯乐队和金属乐队签下来的，天哪），并真正开始取得进步。

我们进录音棚录制了第三张专辑，《子弹和摇篮曲》（*Bullets and Lullabies*）。这张的概念是两张唱片，一张快，一张慢；一张用来起床，一张用来催眠。丹尼曾有几年时间当

---

1 夏尔-瓦朗坦·阿尔康（Charles-Valentin Alkan，1813—1888），犹太裔法国作曲家，拥有高超技艺的钢琴家。

过DJ，他想做一张古典曲目列表，由多个作品构成某种故事线。对我来说录制那些不那么为人所知，却绝对厉害的作曲家如阿尔康、布卢门菲尔德[1]和莫什科夫斯基，外加肖邦和贝多芬。我真觉得就是这个了——每个人都会谈论的巨大改变。专辑听上去很好，插画看起来非常棒（归功于棒呆组合[2]中戴夫·布朗的惊人才华），我被邀请去音乐杂志《Q》主办的音乐奖，有人免费送衣服给我，并很快落入成为渴求成名的大混蛋的圈套中，相信所有那些关于与众不同的自负的废话。

专辑发布几个月后我们收到天空艺术电视台（Sky Arts）的消息，他们想要做一套没有以往拿腔捏调风格的古典音乐节目。华纳的头头联系了他们，看起来这也是转向电视领域的很好一步。因此就有了七集电视节目，名为《钢琴人》（*Piano Man*）——每集都关注一个特定主题，或是一部大作品，或是一组更短些的关联的小作品；有介绍，我谈论这些作品，伴随着银幕上壮美的MTV风格的图片，依然坚定地播放主流古典音乐的常规曲目，在演出中没有画外音，完全关注音乐本身。制作这片子的公司是“新鲜一号”（Fresh One），杰

---

1 菲利克斯·布卢门菲尔德（Felix Blumenfeld，1863—1931），俄罗斯作曲家、指挥家和钢琴家。

2 棒呆组合（Mighty Boosh），英国喜剧团体，曾出演脱口秀、广播剧和BBC三台电视剧。

米·奥利弗[1]的公司，这时我开始与大制作团队合作，也与这个了不起团队中的人建立了愉快的关系。与他们接触的时间久了，我可以看出自己是多么幸运才能与这个一开始就如此事必躬亲并支持我的公司一道工作——我深爱他们。

咳，华纳兄弟和天空艺术的老板们都认为对方应该承担起推广这部片子的责任（没人想花钱，除非必须），有点儿像弱智的斗鸡游戏，没有人想让步。丹尼在最初的会见中，请求他们共同合作，帮助这节目实现价值。他重申，这是古典音乐，而不是摇滚，正因如此他们将要使出浑身解数来让它顺利进行。这是个很重大的请求，特别是对华纳而言——他们更习惯于取得巨大成功的乐队，和比起古典音乐而言更不需要拯救的音乐流派。

录影还是有很大的乐趣，哪怕最后只有63个人看过，它让我领略到音乐、一个伟大的导演和可观的预算能够达到的高度。整个团队设法接纳了这种很少人感兴趣的音乐，去掉了所有胡说八道，保留下它最重要的部分——音乐本身。老实说，《钢琴人》看起来在全球取得了不小的成功——我至今依然会收到以各种外语写的无比暖心的信。如果你好奇的话，它在亚

1 杰米·奥利弗（Jamie Oliver，1975— ），英国厨师与烹饪推广者，以BBC制作的电视节目《原味主厨》（*The Naked Chef*）广为人知。

马逊折价销售。

然后华纳请我和丹尼坐下来，告诉我们他们把我搞上皇家大汇演了，会有1500万人看我在女王面前现场演出，我的头要炸了。难怪他们没那么热心把钱放到推动天空艺术的节目上——汇演会对他们有用，且远不止如此。

所有人都兴奋起来，我们谈论着在此之后的巡回演出，CD大卖，O2体育馆和杂志封面。而一如既往地，丹尼，一直如此了不起，如此小心，如此现实，他说（不只是对我说，也是对华纳说）:“如果事情不成呢？”“备选计划是什么？”然后问我 :“如果这事情成真的了，你确定你做好准备了吗？”他们，和我，对他确保我已经准备好了，事已谈妥。到了此时，他们把演出信息发布上网，我也通知了我的家人和朋友们，再也无法思考别的事情了。

然而理所当然的，就在节目开始前几天，导演和制作人约我们去斯坦威展示厅，说他们今年要少放一些精力在古典音乐上，要做其他类型的音乐。

我的自尊使我勃然大怒。我耻于告诉了那么多朋友（他们总是漠不关心的）。但是谢天谢地。想到要处理2010年一样级别的爆发吓到我了。我再不会成功了，最终大概会以崩溃告终，自说自话，不停抽搐。

丹尼和我重组，继续我们之前做的。我如之前那样，每天练琴，学会忽视好消息的糖衣炮弹，不再听信不实的宣传和推测，只是关注眼前的事情，并尽力做好我能做好的。

他和我依然就是整个团队，尽管有奇怪的指控说我们有一大组公关人员。真相有趣多了——只有丹尼和我，香烟，无止境的咖啡和我的厨房桌子。当然我们也获得了一些贵人的帮助——GHP的格莉妮丝·亨德松，阿尔比恩传媒（唱片公司西格纳姆的公关公司）的西蒙·米尔沃德，华纳的约翰·凯雷尔和康拉德·维希，但最终还是，依然是，我和丹尼待在一起，吵吵嚷嚷地想出许多新的念头，弄明白我们的道路，祈祷一切能获得最好的结果。小才是美。

他和我看到音乐行业已经失败了好一阵子了，孩子们不再为它埋单，坐享其成的日子结束了。我们完全致力于尝试新的东西，做不同以往的事情。

我们大概做了一些正确的事情，因为英国唱片协会约我们见面，邀请我为他们当发言人来反对盗版。这是我听过的最愚蠢的事情。我也这么和他们说了。在整个行业已经把自己搞砸了十年并疏于工作的时候，为什么人们不去偷音乐呢？就因为唱片公司低三下四地要求他们不这么做？我告诉他们，一旦他们找到该为音乐埋单的理由时，乐迷自然就会付钱的。心甘情愿地。唱片公司只要加倍努力，并别再理所应当地搭顺风车了。要我站出来说他们每张CD卖15英镑，不知不觉地苛待艺术家和听众十余年，却应该被以礼相待，这是不可能的。

这让我认识到：皇家大汇演那档子事，和其他更尖刻的挤压，更直接证明了我不适合既定的古典音乐世界，也不适合跨界的古典音乐世界。取而代之的是我踟蹰而行进入到自己的小空间里，相信自己在做好且值得做的事情，但不得不接受将要有段时间才能真正站稳并建立起一些东西。

在此也体现出好的管理的重要性。比起一个经纪人，丹尼往往更像是个护士、心理医生、大哥哥。我害怕某些特定的事情，如果它们被发布在推特上，或是我在访问中讲到这些或是被公开了，我的职业会遭到俯冲式轰炸而陷入默默无闻。也有一些事情我无法告诉情人、家人、朋友甚至是心理医生。但是丹尼都知道。我们的关系就有这么密切，而且一直维系了很长时间，让我感觉并表现得好像他就是我的展开，因此没什么要隐藏的——他一直在那里，值得信赖，默默付出。

他有他要做的分内事，我想这也是作为经纪人的重点。我环顾自己今天的钢琴世界，马上会有一套在第四频道的电视节目；全球开音乐会，从悉尼歌剧院到美国，从伦敦到巴巴多斯；一张现场DVD；五张专辑；甚至还有以我名字命名的鞋子（闭嘴——叫Jimmy Shoes——起码在我们被起诉前；它们很赞；是由一位希望我在舞台上能穿得舒服且品质一流的粉丝——特雷西·诺斯设计的，它们从不令人失望。当你读到这里的时候应该能在网上和店里买到了）；一份任何音乐学院毕业生做梦都得不到的收入；我听说过的在音乐行业中最高的提成。这一切都是因为他。他快速审读合同，郑重地拨打电话，在会议中礼貌但持续地施压，一直都想着更远大的图景，有计划也有远见，无论如何都执着于此。他在商界是个讨人喜欢的唐纳德·特朗普，甚至更有才，而我要是坚持自己的策略，大概会做很多免费的事情，仅仅因为它能驱使我演奏音乐。

但是那时仍有能让我继续活着，不时微笑，在大多数夜晚安然入睡的事。他的人生遭受过极为糟糕的世界。骇人听闻的成长经历、暴力、创伤、痛苦、心碎，以及严重的冲突。而他睿智地摆脱了这一切，并且拥有那种特别的善良和同情——这只可能来自能被分享的痛苦。我们并没有上班时间。这是每天24小时，每周七天的关系，我可能凌晨4点去他家哭泣，在重要演奏会前在后台一起抽烟，向他索要汹涌而至的关注，发关于担心钱、评论、姑娘、身体和精神健康方面问题的短信，知道他会给予一刻的慈悲，展露出将我带出难关的平静和沉着。

郎朗团队里的人把我的音乐会承办人带出去吃午饭是有原因的，他们打探我们在做什么以及是如何做的。出于同样的原因，就在《剃刀》专辑发行出来的时候，迈克尔·朗，德意志留声机的头头（也曾是全世界最有声望的古典音乐厂牌）

打电话给丹尼，让我们暂缓和任何人签约，积攒一点经验，然后他们可能考虑在几个月内或是几年内签下我。

“几年？”丹尼笑了，“迈克尔，你还看报纸吗？我们为什么要等你那么久呢？——你可能到明年就没工作了。”

如果迈克尔哪怕只给我们一个合理的原因，我们都可能会去考虑一下的。但是丹尼知道，我也知道，仅有的向前的道路，仅存的能够达到我们目标的现实尝试，是以新的方式做事情，并尽可能地远离既定的古典音乐行业。

这很可笑。因为基本上他和我是两个精神略有些错乱的笨蛋，看起来找到了非常非常酷的方式来演奏和展示那些被写下来的最不可思议的音乐。这很美好，因为当我们认识的时候，丹尼一点儿都不了解古典音乐。现在他一直都听，对待那些我介绍给他的大作就像他的孩子，并完全与这整个崭新的世界坠入爱河。他是我的目标听众。一个想要更多了解古典音乐的人，却不知道从何开始，也不想求助于怪胎和老年人。

丹尼把我带到一些我连做梦都没想到的地点和情形中。他和GHP的团队取得了一笔不错的音乐会费用，是为那种有文身的失败者设置的——穿牛仔服，发过太多的誓，弹琴弹得可能和一堆音乐学校本科生一样但肯定不会更好，但把他们的信心、钱和力量交给丹尼是再好不过的，即便这看起来不会有什么结果。

有时感觉在英国这会更困难，因为我们总是没那么想去尝试一些第一眼看上去难以达到，或是需要时间和努力的事情。但是2011年我在澳大利亚的巡回演出，绝对证实了我们当时在做的一些事是能有影响力的。我们在墨尔本的两场演出票售罄，不得不加上第三场，我上了新闻（因为好的原因），在堪培拉、悉尼、阿德莱德、布里斯班演出，使《子弹和摇篮曲》进入摇滚排行榜前二十，一贯地，为那些20岁出头，还没有听过钢琴演奏会的听众演出，我在几周时间里啃着香蕉面包，收到令人惊讶的消息（别再问最后在那儿发生什么了），并意识到古典音乐会被报以热情洋溢的欢迎，来自平日里那些原本被不屑一顾的人群。

杰弗里·拉什[1]出席了我在墨尔本的一场演出。我们在音乐会后一起抽烟，我记得自我拷问自己到底做了什么，才能有这样天大的好运。特别是在一天后我为澳大利亚广播公司新闻频道和大卫·赫夫考[2]一起录了一段片段，他就是在电影《闪亮的风采》中被拉什演得如此活灵活现的原型。赫夫考听了我在墨尔本音乐会中的一场现场广播，很喜欢。他过去、现在都

1 杰弗里·拉什（Geoffrey Rush，1951— ），澳大利亚演员和电影制片人，1996年因电影《闪亮的风采》（*Shine*）荣获奥斯卡最佳男主角奖。

2 大卫·赫夫考（David Helfgott，1947— ），澳大利亚钢琴家。他罹患躁郁症的曲折故事是电影《闪亮的风采》剧情的蓝本。

是个了不起的人。困惑、狂躁、可怕、聪慧、与众不同。也是一个重大的警告：如果我不能捋顺我的想法，那我可能最终会变得十分情绪化。

丹尼在回到伦敦的家之后也一直都听墨尔本的演出。他基本是在掩护下爬回去的。因为他听到我和一个可爱的澳大利亚听众在澳大利亚广播电台直播时扯了大屠杀、艾滋和矮人情色片的笑话。我认为都是时差惹的祸。我甚至比从前更爱澳大利亚人了，因为他们是如此热情和坦率。

我一回来，就意识到华纳兄弟可能不是正确的道路。在皇家大汇演的演出机会失败后，他们并没有备选方案，基本上也就放弃我了。我很尊敬这些家伙，他们投入了那么多的时间和精力，但是我们双方不是十分合适。我跟世界上最大的摇滚厂牌签了约，但是无法从中受益，因为无论投入多少时间和金钱，你无法从柠檬里榨出橙汁。如果我们能找到一个让它成功的方法，那我会短暂停留，但是在他们原来插着电销售绿日乐队和林肯公园专辑的地方弹贝多芬实在是太越界了，无论本意是多么高尚或是真诚。于是我们和平分手了。

我想做一张现场音乐会的专辑，于是回到西格纳姆公司。史蒂夫·隆——那儿的老板——再和善，再支持不过了。我们在布莱顿皇家剧院的两场演出成为第四号专辑——《吉米》（朋友们称呼我的名字）。

很美好的是最终完成的专辑里不但有音乐，还保留了所有介绍和聊天。这实际上就是我音乐会的复制品，有奇怪的错音，很多的聊天、欢笑，以及我希望能抓住很难在录音棚里出现的、现场演出的独特力量。天哪，这听起来真做作。但是你能明白。有谈话在其中让它变成真实、真诚的现场录音专辑，起码在古典音乐中这是头一回。这其实也是头一回在古典音乐专辑上出现了“家长指导”的贴纸[1]，这让我有些轻微幼稚地觉得有点骄傲。它在2011年的年终发布，2012年和2013年是我人生中最重要的两年，个人和职业方面都是。

---

1 家长指导标识（Parental Advisory Label），在美国、英国出版发行的音像产品上的警告标识，提醒未成年人的家长该产品中含有脏话或其他不健康、不合适的内容。

第十七曲

舒伯特,《钢琴奏鸣曲第20号》，D959，第二乐章

钢琴：亚历山大·隆奎奇[1]

（如果你能在任何地方找到他的录音。不然的话，泽韦林·冯·埃卡德施泰因[2]也以适度的疯狂把它弹得妥妥的。）

1994年，EMI公司发行了对我而言有史以来最伟大的舒伯特钢琴音乐唱片，是一个名叫亚历山大·隆奎奇的年轻钢琴家弹的。出生于德国特里尔，但定居意大利的隆奎奇是EMI的闪耀之星。

要考虑到那是古典音乐正经赚钱的时候。那是EMI的全盛时期，有巨大的营销支出，也有忠实而庞大的粉丝基础。在CD方面最主要的作品是舒伯特无与伦比的《A大调奏鸣曲》，作

1 亚历山大·隆奎奇（Alexander Longquich，1960— ），德国钢琴家和指挥家。
2 泽韦林·冯·埃卡德施泰因（Severin von Eckardstein，1978— ），德国钢琴家。

品号D959。和贝多芬一样，舒伯特的最后三首奏鸣曲（这是其中的第二首）是他的最高成就。它们超凡脱俗，令人目瞪口呆，振奋人心且流芳百世。舒伯特的疯狂从未在那个躁郁的慢乐章中表现得更清晰，所有在调性和结构上的遮掩都无影无踪，而这个作品末乐章是那种我可以听（也听过）上百次，但每次依然觉得欣喜若狂的音乐。我认为，这是他写过的最伟大的东西。

上百位钢琴家录过这个作品，但是他们与隆奎奇完全无法相提并论。他做到了不可能的事，并看起来——即便在最疯狂时刻——每个音之间依然有空间。这音乐漂浮到你的耳朵里，就这么占据你的心魄。我知道这听起来很矫情，很不英国，但是我第一次听它是在维罗纳的钢琴课后，在阳光中坐在咖啡厅里，喝着大家最熟知的雀巢咖啡，在大庭广众下为这展露出来的天才落泪。这是对于这世界上伟大存在的真正揭示。

隆奎奇的声音，他交错的技巧，能使整个奏鸣曲渗入到你身体的每个细胞，具有让你惊奇到瞠目结舌的罕见能力。这是我反反复复、不断重听的唱片。

此外，因为我对那时的资金、市场、忠实粉丝和在他背后举足轻重的EMI感兴趣，根据一个好朋友的室友——也是在这行业工作的——说，隆奎奇的专辑——他录得如此炉火纯青，彻底革新了舒伯特演奏水平的录音，到目前为止，只售出了70多张。70。

2012年的紧张刺激始于第四频道。他们通过天空艺术的制作公司联系我们，并提议做一期关注音乐和精神健康的纪录片。这真是恰到好处。在我这位置上的人被要求出面做一个主流电视台制作最终却完全与自己的初衷和理念背道而驰的节目，这太经常发生了。但是他们依然会这么做，因为他们是第四频道、BBC或是独立电视台（ITV），或是其他什么。我这次却很幸运地找到了完美组合来录我的第一个节目。我录过天空艺术的系列纪录片，也录过BBC四台关于肖邦的片子，所以习惯了录制，也喜欢整个过程，丹尼和我一直梦想着能上地面数字电视台。我在伦敦金融城工作的时候我们一直会用“营销渠道”这个词。而对古典音乐而言，最大的市场营销渠道就是地面数字电视。这是最快也最有效的能让主流古典音乐进入人们的生活和起居室的方法。这是那些主要的唱片公司一直嚷嚷着想要的，因为这是如此强势的媒体，但是看起来一直都没有找到合适的人来做这一块。

我们预定了在2012年的7月开始拍摄。构想是我去一个有安保的、封闭的精神疾病疗养院（这次是作为访问者），见一些最脆弱的病人，并谈他们的病史，然后我要去找一首钢琴音乐，是我觉得能与他们产生共鸣的，把它在斯坦威三角琴上弹出来。这对我来说是对音乐的力量的见证，以及它可以穿过哪怕最严重的用药量、可能就要陷入僵局的病人的境况，给他们投入一丝阳光。

现在我知道音乐能治愈人了。我知道它拯救了我的生命，让我生存，在我一无所有的时候给我希望。而抓住这一想法，在某种小的方向上，上电视对我来说是非常棒的机会。唉，在拍摄开始几天前，我和哈蒂的关系崩溃了，而这一次我感觉我们是要永久地分开了。

有一阵子了。哈蒂和我尽管还有着看起来无止境的爱，但有些貌合神离了。她想结婚、生孩子，而在经历了第一次婚姻之后我觉得自己不够勇敢到继续走下去。她有过去的创伤，让她在一些方面比较脆弱，也让她很难有安全感和信心，而我那持续的对我们关系的操控和混蛋的行为也没让她感到更轻松些。最终我们决定我们该终结一切，6月上旬她搬了出去。

悲剧的是她刚一搬走，我就知道这是个巨大的错误。瞧吧，这世界上最简单的事情就是抛开一切，逃跑。所有事都是这样，不只是情感关系。它一了百了地避免了对任何事负责，吸取在某一时刻必须吸取的教训，加强责任感，以及，起码在我的情况下——确保避免在另一个人身上又重复我之前那些糟糕事。

我去了医院，位于伦敦郊外几小时的车程，在她收拾东西并清空我们的公寓的时候开始拍摄。这些意味着我被困在一所精神病院，和摄影组一起，想要去死，孤独忧虑又可悲。这倒让这节目最终取得了很好的效果。我在那儿待了几个星期，见了这些非凡的病人，听他们挑战信仰的故事，很多片段因为法律原因并没有出现在最终剪辑中。当初是很难进入精神病院的——这就是我们的文化，很多员工认为我们是乔装的《广角镜》[1]或是类似剧组，表面上我们是制作一个关于病人和音乐的纪录片，但实际上是要去揭露他们可怕的行为，并展示给世界看这些病人是如何被可怕地对待，以及护理水平是多么之低。

这很傻，因为那里的员工对任何一个人（无论男女）来说都是好到难以置信。病人们都是被隔离的，被送进医院非常非常多年了，很多人是几十年。他们有暴力背景，严重的自残情节，骇人的历史和症状。日子一天天过去，我开始变得越来越摇摆不定。医院的味道，黑板上的服药时间，地毯，绝望的空气，悲伤，以及由精神病院组成的一切都把我的问题带了回

1 《广角镜》（*Panorama*），英国BBC一台的实时报道节目，多有采访和调查报告。

来，而那个我想要打电话跟她倾诉的人搬走并离开了。

摄制组很了不起，我们做了一切我们需要做的事，病人们立马变得谦卑且振奋人心，而我待在那里的时间看起来也足够给导演充分的素材来剪出一部47分钟的片子了。

周日的晚上我离开，很晚才乘火车回到伦敦。大雨瓢泼。我走过空荡荡的公寓的前门，哈蒂的钥匙轻轻躺在桌子上，一切整齐干净，无精打采，寂静无声。我就坐在那儿哭了，顾影自怜。我感觉如此糟糕，毛骨悚然，再熟悉不过的毁灭和抑郁的寒战正在敲门。

抑郁拒绝空虚。尽管有一连串的音乐会、拍摄、录音和写作，我突然觉得自己很空虚。日记里没写什么，我在一段感情的结束以及纪录片高强度的工作后感到很疲惫，独自一人在我的公寓里，我的儿子在世界另一端，朋友们为自己的生活而奔忙。丹尼在我身边，他一贯如此，然而像我这样的人更倾向于迈入隧道，而不是走出去。我们蠢到不会学习，就像一只绕着电灯泡不停飞的蛾子。

接下来的一年是自从我被精神病院治疗后最接近于永久消失的一段时间。在你需要的时候才给你所需的，要跌至谷底、经历事情而非绕过它们，这些全宇宙通行的、关于自助的祷文——很遗憾，都是真的。至少对我来说。要是我增加了点体重，能有应付酒精、海洛因和快克的体质，有一大堆钱，且不介意与妓女睡觉，我可能会以一种不同的、略微快乐些的方式来经历一切。然而，当我终于有时间、空间、孤独感，以大于我自身的力量压迫我，事实证明，我已经从另一边走出来了，这是我人生中第一次生活得不错。

并没有所谓悲痛要经历的七个阶段。起码在我的经历中没有。为什么一切都要被炖成能一口咬下的，易处理与理解的形状呢？我们果真愚蠢到无法离开限定词、棱角或边缘吗？地狱的形状只是一个长条。它可以即刻从绝对的愤怒转换成悲伤欲绝乃至绝望、无望，和难以填补的空虚。也有片刻平静的时刻，那通常是由于只睡了两小时和累到无法再思考。也偶尔有自残的旧病复发，几次灾难性的约会，一次短暂的精神上的来电，或一次不涉及精神的一夜情，但是最主要的是有大把大把的时间独处，思考、坐着、感受。没有冥想。这对我是第一次，这不可避免，必不可少，而且更像中了狗屎运而不是别的什么缘故——有了治愈力并有助于健康。

我确实绊入了阴郁的日常。早上3点或是4点，在几小时的睡眠后醒来，一大壶咖啡，在我空出来的小卧室里弹几小时琴，更多咖啡，无止境的香烟，为公司做广播节目，练更长时间琴，然后转身去等星巴克开着的时候，以赤裸裸的恶意看着那些情侣们手牵手去上班。呆滞的眼神，看不见的“去死”纹在我的额头上，每天体重都在减轻。我的生活没有重点，除了关注缺乏重点这问题。这对于那些怀着自杀和自残想法的人来说是很可怕的事情。而最痛苦的事情并不是失去了我今生的挚爱，而是她照常出现在我的脑海中，跟随她流动的脚步度过她的生活：与一连串帅气、肌肉发达的有钱男人疯狂地做着爱，开派对直到凌晨，且一直都愉快地咯咯笑着。

我知道这不算什么。每个操蛋的日子千百万个倒霉蛋身上都会发生这样的事。然而当这事真发生在我们身上的时候，我们都觉得自己是独一无二的。悲伤和辛酸一直可怜得很独特。

丹尼和各位朋友都尽最大的努力帮我，但是我好像不想被帮助。很明显，这痛苦不只来自感情终结。相比起来，要更深重一些。显然，大多数人在几周之后，也就会从中恢复起来，去认识新的人，放下过去，作为人生经历。哈蒂和我一起度过了五年，这很长，但绝不够长。我们没有孩子，没有结婚，只是在一起共同生活了几年。但是我就是无法恢复过来。要是有什么不同，那就是痛苦变得更严重了。

半年之后我仍然不是完整的自己。我见到的一切都让我想起她，我做的一切都无意义，因为她不在那儿。哪怕今天我还是有些讨厌我自己看起来是那么的自怨自艾。我是朋友们最糟糕的噩梦。一个讨厌鬼，被自己的痛苦缠住，没有接收其他信息的空间。

一切都没有效果，而且跟时间长短密切相关。好像如果事情再拖长一点儿，我有可能就坚持不住了。我立了新的遗嘱，给少数几个人写了告别的字条，轻率地思考着要永远终结一切的念头。然而再一次地，仅因杰克的存在，阻止了我。我为他录了一段告别视频，重看后立即意识到这不是个可行的方案。我不能，也绝对不可以离开他。虽然我们每年只很少地见几次面，但这无关紧要。

我以自动驾驶的状态偶尔去参加的音乐会（带着严重的时差综合征在芝加哥、香港，少数在伦敦演出），每天练习，让自己在最低限度下运作起来。

美好的是，抛开我的情绪不谈，尽管我的音乐会有的足够好，而另一些在我看来则有些平庸，我的听众却一如既往的出色，且表达出全然的支持。对我所有私人的起伏和愤怒、自我批判的头脑，他们一直表现出难以置信的和蔼和宽容。

最有趣的是我飞到奥地利，在一天内开了两场音乐会。我们落地后去英国大使官邸，我对着奥地利和英国各式各样的社交名人和有影响力的人（天知道这是什么）弹了一个半小时的琴。然后又立马去维也纳音乐厅[1]开晚上的音乐会——这是沉浸于传统和历史的一座音乐厅，在奥地利的地位和威格莫尔

---

1 维也纳音乐厅（Wiener Konzerthaus），距离维也纳著名的金色音乐厅仅200米的一座音乐厅，启用于1913年，是维也纳交响乐团、维也纳室内乐团等乐团的常驻演出地。

音乐厅在英国的地位等同。

在后台他们有个装满了巧克力的冰箱，有一台雀巢胶囊咖啡机，有香蕉和哈瑞博软糖（南岸艺术中心[1]请留意这一点）。更令人愉快的是有个吸烟室，我在那儿喝着咖啡，与几个小提琴和大提琴乐手聊天——我后来发现他们是维也纳爱乐乐团的成员。这感觉就像身处斯坦福桥球员食堂里的球迷一样，在冲回钢琴前的五分钟关于音乐的聊天中我流着口水，并且一直脸红（事实证明萨卡里·奥拉莫[2]真是个绅士），这才后知后觉地意识到我正要在天杀的维也纳音乐会票销售一空的音乐厅里弹贝多芬、舒伯特和肖邦！

音乐会进行得挺顺利。足够好了。达到了我能期待的最好结果。五首返场曲目，以及一个重大发现——维也纳人哪怕面对他们认为最神圣的东西也有着幽默感。把弗兰克·里贝里[3]和舒伯特（矮小、改变了审美挑战者、天才）类比会获得真诚的欢笑——不只是从一道前来并不知道弗兰克·里贝里是谁的我妈妈那里。

---

1 南岸艺术中心（Southbank Centre），一个艺术演出综合体，位于伦敦泰晤士河南岸，建筑群包括第132页注1提到的皇家节日大厅和海沃德美术馆（Hayward Gallery）。

2 萨卡里·奥拉莫（Sakari Oramo，1965— ），目前活跃在乐坛的著名芬兰指挥家。

3 弗兰克·里贝里（Franck Ribéry，1983— ），法国足球运动员。

我会一直都对这座音乐厅怀着无比的感激，那里满满地坐着陌生人，他们的善意、支持和掌声让我的生活更增色彩，而少了几分险恶。

新年前夜一切从严酷转为危急。永远、永远不要翻看你前任的脸书，查找没有你在身边她还过得更好的证据。永远不要。结果哈蒂在新年前夜有所有热辣的单身女孩在伦敦该有的一切——男人、派对、跳舞、短裙、更多派对、更多（健壮、帅气、淫荡的）男人。我那些有毒的幻想看来也并不牵强。我，晚上9点半，独自一人，绝望地想躲入睡眠中。一些东西触动着我。

早上6点我依然没睡着，就打电话给了丹尼。他接了电话（正如他一直所做的），我去了他家，就这么在他的厨房桌子旁哭泣。我知道我都是快40岁的人了。我知道我对这一切的情绪反应就是一个7岁的小男孩。但是我无法转移、解决、打败它。而一旦向它投降我相信我会死的。

于是丹尼给我一些书，建议我读一读它们。

他对我说：

"詹姆斯，我要告诉你，我做好了你无法度过这一切的准备。我准备好了接到电话说发现你死了，尽管这很痛苦，但是我已经做好准备了。你去做你需要做的，但得知道现在一切都在你自己的掌握之中。"

对我来说这足够震惊到能让我一个人静静了——哪怕就只有一点这样的念想，于是我开始阅读。我并不想要这么做，我与它斗争，但很明显，如果我想要活下去就必须这么做。

这是一件很难书写的事情。要把那些负面的东西付诸纸上多么容易啊：强奸、创伤、离婚、自残。而要把美好的事情和解决方案写出来多么困难，因为害怕听起来像是个抽大麻、吃豆腐、留长发绺的嬉皮士。那天我收到的两本书分别是关于身体与心智对创伤的回应（《唤醒猛虎》[*Waking the Tiger*]）和自己内心的小孩（《回归内在》[*Homecoming*]）。我知道。恶心到让你想吐吧。

以最“英国”的方式看来，要我承认自己掉进这洞里那么深，以至于需要像这样的书来活命是叫人感到很屈辱的。花时间待在精神疾病疗养院像是一道巨大的伤疤，但起码会获得一定的尊敬。自救书籍？就像我说的，屈辱。

问题是它们不仅帮助我活了下来，还做了比这伟大得多的事情。它们接手了我在菲尼克斯医院里的起点，并可靠、温柔、稳固地把它滋养成为一个我日后可以深入且长久依靠的基础。那些书解决了我性格中允许自己把时间、努力和力量放在那些处在痛苦之中的人身上，但又阻止我对自己做同样事情的怪癖。我已经黔驴技穷，开始真诚地考量事情，并开始修复它们。

很显然，我无法胜任任何形式的交往——在情感和生理反应都和孩子一样的状态下。我本就破碎、自私、自负，且自我中心的，唯一走出这些的方式就是回去，以成人的方式再次经历这一切，并尝试着修复些什么。而这就是我所做的。连续数周里我每天都冥想，常常是一天两次。我读书，去做其中建议的练习、书写，甚至祈祷，不受外界干扰，前所未有地走入自己的内心深处。

我学到的最有帮助的事情是要学会去体会痛苦、可耻的感觉，但是要舍弃任何与它们关联的故事情节。过去我会觉得耻辱或是厌恶或是自我憎恨，当有这种感觉时我会在脑海里叙述它们，为它们配上图画和文字，探索它们背后的原因，愈发地沉溺于培养、判断和滋生这感觉。如今我慢慢地学会了，只是坐下，带着好奇心来观察它们，不贴标签、讲故事或是下判断。我会看看到底它汇集在身体的哪一处（一向都是心或是胃），观察它们，经历痛苦，沉浸其中。我向你保证，当你这么做的时候，它真的会开始治愈。过程很慢，但是真的会开始愈合、缓和并减轻。

不久之后，奇妙的事情发生了——我不知怎么感应到了体育老师把脏手扑向我之前的那个自己，意识到我并不是坏的或是有毒的，我开始允许自己愈合并原谅自己，第一次接受一些事情。

神奇吧？这一句话里所包涵的郑重声明。就好像我经历了几十年的精神创伤、个人反思、冥想、治疗、斗争和分析，然后突然之间有什么东西跳出来了，我就再一次变得完整了。再一次。不是第一次。但是完整得就像我3岁的时候，无忧无虑地开心。

然后一切都变了。音乐变得更生机勃勃，更为重要。睡眠开始变得自然而有益健康。我的内脏不再每天爆炸五次。我那各式各样的吱吱作响、抽搐和痉挛又回来了，但缓和了。我不用再每隔几小时开关灯，打出某种特定的节奏来防止坏事情发生。实际上我原谅了自己，为那些任何心智正常的人都不会认为是我的过失的事情，但我自从5岁起就认为那是自己的错。

尽管多年以来有很多错误的开始——精神医生、医院、十二步聚会、药物、精神疾病专家、研讨会、太大量的精神健康治疗药物——除了在菲尼克斯几个月的成果，这两本由我的经纪人在下着雨、悲惨的新年第一天给我的书终于为我带来了新的开始。

我们被创伤害得千疮百孔。遗弃、离婚、暴力、各种形式的虐待、漠视、酗酒、愤怒、怪罪、评头论足、宗教、欺凌——上千种不同形式的地狱环绕着我们，从我们降临到这星球上第一天起。有些是有意的，经常是完全无意的，我认为我们在非常小的年纪就是负伤行走的人了。一些人尽管如此却调整得很好，另一些则并非如此。虽然我尽了一切努力从伤害中转移注意力，但还是无法逃脱。

而当原谅和冥想、阅读和写作、聊天和分享都能够有所帮助时，对我而言，创造是穿越创伤最深远的方式。当那些“新时代”、“拥抱树木”的玩意儿终于从我脑子里清除，给我的脑子留出足够的空间，让我能够无拘无束地去探索崭新且更可操作的创作方式。

我花了三个月进入我人生中的新篇章，我从未如此深深爱上钢琴、弹奏、写作、阅读，以及沉迷于任何事情，任何有创造性的事情。我为《卫报》写了一篇文章，似乎有了很大回响。它被分享了超过10万次，我收到电邮，告诉我它被得克萨斯学校里的人们、澳大利亚办公室里的人们读出来，上百条信息告诉我它为帮助人们穿越到奇妙的新天地大有裨益。我在某个早上的6点钟写下了它，我感觉这是自己写过的最接近于宗旨与使命的东西。

请看吧：

找到你的所爱并让它杀了你

《卫报》文化博客，2013年4月26日

当人们听说我是个钢琴家，在不可避免地被问及“你每天练多少小时琴？”和“给我看看你的手”之后，“我小时候也弹过琴，我很后悔放弃了它”——大多数人会对我如此说道。我猜作家们也听过无数遍“我心中一直都有一本书”。我们似乎进入了一个拥有忧伤而错位的创造力的社会。在这世界里人们只是屈服于（或是被击打到屈服）稀里糊涂的工作、家庭生活、抵押贷款还款、垃圾食品、垃圾电视节目——环绕着的都是垃圾，愤怒的前妻、注意力不集中症的孩子，还有在某个周末晚上8点给客户写邮件时从外卖桶里吃鸡肉的诱惑。

做一下算数。我们可以运转——有时非常良好——在每晚睡六小时的情况下。八小时工作制是几个世纪以来最好的结果了（哦，讽刺的是，在互联网和智能手机发明后我们工作的时间实际上更长了）。四小时会被充分利用在接送孩子、清理公寓、吃东西、洗东西，以及各种其他的事情上。这样我们就只剩下六小时了。360分钟里我们可以做我们想做的一切。我们想要的真的就是麻木，并给西蒙·考威尔[1]更多的钱吗？去浏览推特和脸书，寻找浪漫、基情、猫、天气预报、讣告和八卦？在酒吧里感怀地、痛苦地喝个烂醉——但你甚至都不能在那儿抽烟？

而如果你能在一小时内学习一切关于钢琴弹奏的问题呢？（这是已故的、伟大的格伦·古尔德说的，如果我没记错的

1　西蒙·考威尔（Simon Cowell，1959—　），英国选秀节目评委。

话。）知道如何练习，如何读谱，手指运动和姿态的生理机能，所有去真正弹一首曲子的必要工具——这些可以被写下来，并像一张家具组装说明书一样散发出去；接下来就得由你尖叫、怒号着通过手指来像钉钉子一般地操作，希望能借此破解无与伦比的陌生感，直到——如果你很幸运，可以最终以接近于成品的结局收场。

如果你能花几百块钱从eBay上买到送货上门的立式钢琴呢？你被告知，如果能请到合适的老师，每天练上个40分钟，你就能在短短几周内学会你一直想弹的曲子。这难道不值得试一下吗？

如果你加入的是作家俱乐部，而不是读书会呢？你每周必须（真的必须）带上三页你写的小说、中短篇、电影剧本，并当众大声念出来？

如果你并不是每月为健身会员花70英镑——它会让你感到快乐只是因为让你觉得你妻子嫁的那个男人，正在远离肥胖、罪恶和原来的世界——而是买了一些空白的油画布和颜料，每天花时间创作你自己版本的“我爱你”，直到你意识到任何值得等待的女人都会当即因此而投入你的怀抱，尽管你没有练就六块腹肌？

我有十年没有碰过钢琴。这十年都花在金融城贪婪工作的慢性死亡中，追逐一些根本就不存在的东西（安全感，自我价值，只是个矮了几英尺、没那么多女人投怀送抱的唐·德雷珀[1]）。只有当没有行动的痛苦大于想象中采取行动的痛苦时，我才鼓起勇气去追求自己从7岁起就一直想做且执迷的梦想——当一个音乐会钢琴家。

诚然，我走得太极端了——有五年没有收入，每天六小时的高强度练习，每个月花四天时间在维罗纳和一个优秀却精神错乱的老师学琴，对这件必需的事情的渴望让我付出了婚姻、在精神病院待九个月、大多数的尊严，以及失掉大约35磅（约合15.9公斤）体重的代价。而在彩虹末端出现的那一桶金子[2]可能并不是我10岁躺在床上听霍洛维茨[3]在卡耐基音乐厅“吞食”拉赫玛尼诺夫的大作时展望的那个美好结局。

我的生活中有无限的时间是翻来覆去和使人心烦的练习，孤独的酒店房间，糟糕的钢琴，激烈恶毒的评论，孤立，令人困惑的航空公司奖励计划，物理疗法，长时间的无聊（在后台房间里，靠数天花板上的瓷砖打发时间），穿插着极度高压的短暂时刻（聊到作曲家和作品以及面对评论家或录音器材的

---

1 唐·德雷珀（Don Draper），美国AMC电视台电视剧《广告狂人》（*Mad Men*）中的男主角。

2 来自爱尔兰传说，矮精灵（Leprechaun）喜欢收集黄金，并把它埋在彩虹的尽头。

3 弗拉迪米尔·霍洛维茨（Vladimir Horowitz，1903—1989），出生于俄罗斯的美国钢琴家，被公认为是最伟大的钢琴家之一。

时候要从记忆中弹出12万个音符，以正确的顺序，用正确的手指、声音、踏板，而且我妈妈、过去的鬼魂，都在那儿看着），而最让人受不了的是，意识到我可能永远都完成不了一场完美的演奏会。有的只是在运气的帮助下，伴随艰辛的劳作和巨大剂量的自我宽慰，才能感到“足够好了”。

然而。从邦德街的夏贝尔[1]的书架上取下一捆谱稿是一种无法形容的奖励。把它卷起来带回家，在钢琴边摆放好乐谱、铅笔、咖啡和烟灰缸，几天、几星期或是几个月过后，能够演奏一个疯狂、天才、精神错乱的作曲家在300年前因为悲伤、爱情或是梅毒而失去理智的时候出现在脑海里的东西。一部音乐作品永远都能迷惑史上最伟大的头脑，这是没来由的，它依然存活着，漂浮在苍穹下，且在接下去的几个世纪都会如此。这真是太非同寻常了。而我就这么做了。让我不断惊讶的是，我一直这么做着。

政府在裁减学校的音乐课程，砍掉艺术奖学金，他们这么做时高兴得就好像一个在芭斯罗缤[2]里的不正常的美国孩童。那么即便是为了让人类守住艺术，难道不值得以微小的方式做一些反抗吗？所以写你的书去吧，学会一首肖邦的前奏曲，

1 邦德街的夏贝尔（Chappell of Bond Street），伦敦雅马哈音乐（Yamaha Music London）的前身，是一家出售钢琴、乐器、乐器设备和乐谱的零售商。

2 芭斯罗缤（Baskin Robbins），发源于美国南加州的著名冰激凌连锁店。

和孩子好好谈一谈杰克逊·波洛克[1]，花几小时写俳句。去做这些，因为它们才是重要的——哪怕无法被炫耀，不能获得名利，或者不能被《热度》杂志拍片收录——现在的孩子都觉得自己可以上这本杂志，因为哈里·斯泰尔斯[2]也上过。

查尔斯·布考斯基[3]，全世界愤青的英雄，教导我们要去“找到你的所爱，并让它杀了你”。因创造力而自杀可能恰恰是在如今这个知道凯蒂·普莱斯[4]多于知道《“皇帝”协奏曲》的人的时代里所亟须的。

对此文的反响让我意识到做某事的方式也存在着影响力。我们可以不那么孤立一点，更团结在一起一些。当我被提议写这本书的时候我也在推特上建议大家和我一起，每天写一千个字。知道在几个月后会出现一堆新的小说、剧本、中短篇、小故事，知道我们一伙人每天都在做着积跬步至千里的事情，这对我意义非凡。

---

1 杰克逊·波洛克（Jackson Pollock，1912—1956），美国最具影响力的画家之一，抽象表现主义绘画大师。

2 哈里·斯泰尔斯（Harry Styles，1994— ），英国男子组合One Direction中最年轻的成员。

3 查尔斯·布考斯基（Charles Bukowski，1920—1994），德裔美国诗人，小说家。他年轻时做过洗碗工、卡车司机、邮差、门卫等多种底层工作，写作主题多源自其生活经历。《时代周刊》评论他是美国底层社会的桂冠诗人。

4 凯蒂·普莱斯（Katie Price，1978— ），英国超模。

这一点与我每天要做的事情紧密相关。学弹一首新的曲子也需要经历同样的过程。可管控大块时间、专注、纪律，以及真诚的工作。我决定学弹哪部作品，去音乐书店，带着乐谱回家，冲一杯咖啡，在钢琴上摆好烟灰缸、铅笔和节拍器，从第一页开始。我一页一页、一行一行地弹，找出最佳指法。我把困难的部分分解成块，运用练习的小技巧来学习它们。我不断反复，时刻对每个音符保持警惕，过了一段时间——每天一两个小时或是四小时，它在我几周后迈向舞台时成型，我能不看乐谱弹奏它。这就是生命对我的意义。这令人感到兴奋、鼓舞人心、收获颇丰，而且庄重高贵。这经历不仅适用于音乐和写作，也适用于情感关系、爱情、友情和关怀。它最终与我们该如何表达和衡量自己有关。在我的小小世界，它似乎是场革命。它用自由和重要的感受替代我生命中沉重、负面、没有意义的能量。它令我不再作为一个受害者，并允许向我的世界做出更深刻的贡献。它根本上把负能量转移到了正面。这是能以吸引力，而非推广来实现增长的方法，因为它确实有效。它不需要强行推销，不需要任何形式的推销。并且，神奇且令人愉悦的是，我正如此实践着。

第十八曲

贝多芬，《第五钢琴协奏曲“皇帝”》，第二乐章

钢琴：拉杜·卢普[1]

有首作品是我想在自己的葬礼上放的。要被恰如其分地演奏——现场表演，有管弦乐队和一个正儿八经的钢琴家，而不是在细雨中找人出来发几通感言，其他人则围着发呆，脑子里想着葬礼后的点心。

这是我最早为之哭泣的音乐作品之一。贝多芬写了五首钢琴协奏曲，最后一首被冠以“皇帝”的名字，因为它典型的浮夸、英雄气概和咄咄逼人的风格。（差不多就是拿破仑的样子，只是个头没那么小。）首尾两个乐章振奋人心——泛滥的音符、堆叠的炫示、震撼且狂暴的刺激和爆发。它们由一个美好、静谧到令人窒息的中乐章相伴。这对于我那稍年幼了一点

---

1 拉杜·卢普（Radu Lupu，1945— ），罗马尼亚钢琴家。

的心智而言是很难掌握的，但现在作为一个成年人而言，它恰恰表露出关于音乐为何以及音乐何为的一切。

天杀的贝多芬啊……

我一直觉得我们这行最深刻的问题在于不把注意力关注于创造性，而让自负取而代之。古典音乐变得关注于外在（神圣的或是亵渎神灵的，随你怎么想吧），获得大笔的财富，打扮起来，变得隆重，追求声望，而不单纯是服务于音乐。这情况不只是发生在与之沆瀣一气的音乐家身上，也发生在相关的行业中。古典音乐奖项的典礼更充分说明这一点——可怕、邪恶、卑鄙、恐怖，和音乐完全没有关系。

全英古典音乐奖恰恰是古典音乐行业可怕错误的代表。2012年，我忍无可忍，为《每日电讯报》写了一篇音乐奖以及人们如何骇人地运作着它的文章。全文在本书的附录，但是简单说来是这样的：如果你想了解古典音乐，那你最好是受过良好的教育，被好生伺候着，最好热衷于在YouTube上看莱昂纳德·伯恩斯坦[1]花30分钟谈贝多芬，而不是忍受那场长达三

1　莱昂纳德·伯恩斯坦（Leonard Bernstein，1918—1990），美国极具影响力的指挥家、作曲家、钢琴家和音乐演讲者。

个小时、臭汗淋漓的性爱马拉松。

讽刺的是，有很多年我认为《留声机》大奖（更正经，更令人神往，获奖者是更具诚意的音乐家）是真材实料的。直到我第一次去到那里，期望感受一点魅力和深度。这是个巨大的错误，而我发现的特别叫人难以忍受一点——哪怕是这些人，这些所谓古典音乐“恰如其分”的顶峰，也太趾高气扬了，头抬得太高都快无法呼吸。这一回我为《卫报》撰文（也再次收于附录了），表达了我是如何看待它的。他们请一位《留声机》的编辑写了一篇回应，关于为何我错识了重点，但我依然坚持己见。这些家伙要为所有他们正在抱怨的境况负全部的责任。

当我在报纸上写这些东西的时候，我得到了很多的支持和美好的留言，特别是那些来自身处这个行业，因为要保住工作而不能公开他们的支持的人。大多数在回复中的反馈向我询问解决方案。这十分现实——要大声抱怨很容易，但是要提出一个可行的解决方案则困难得多。但其实完全不困难。

我的方案？让他们中的大多数死去吧。演自己想演奏的，无论哪儿、如何演、演给谁听。不穿衣服演，穿着牛仔裤演，男扮女装地演。无论是半夜还是下午3点。无论是在酒吧、会所，还是音乐厅、剧院。免费演出，慈善演出。在学校演出。让它变得包含一切、容易获取、受人尊敬、真实可信。使它回归到它原有的归属。别听从少数老年病人、近亲繁殖的傻瓜们的指示，它理应以不朽的、不可思议的美妙、上帝给予般的方式呈现。我们的抱负要远大于此。上帝知道，音乐也知道。

有非常多音乐学校的学生们会爱上为并不是由其他学音乐的学生构成的听众表演的体验，如果他们不喜欢或是不想要这样的体验，他们不会坚持很久。为了旅行费用而在当地学校、音乐厅、俱乐部演奏，考虑一下为一场有偿演出做热场。每年在学校或是医院免费演出几次我可能会（且一定会）感到快乐——它帮助我为专业活动做准备，让我能够分享一些我喜爱的东西，且对于建立一组常规曲目以及培养耐性方面给人很大裨益。如果你觉得我能为你做些什么，请联系并询问。

除了固定地在晚上7点半或8点开的音乐会，在6点半开一小时音乐会，这样，人们可以下班后直接来听，且依然有时间去赴约或是及时赶回家哄小孩子睡觉。或是在晚上10点钟演出，吸引在音乐会前出门吃晚饭，且希望以音乐结束这一晚的人前来。

把音乐免费送出去。不必是整张整张的专辑，但放几首乐曲。把它们放在SoundCloud上，允许下载。把它们按粉丝列表寄送电邮，尽管人数不多。把音乐发布出去，它们不属于充满汗臭味的健身房，也不该被埋没在亚马逊网站里的上百万唱片之中。

在不同的地点播放它们，从传统的场所到俱乐部。以100俱乐部、古典乐革命、黄色酒廊，以及其他一些举办古典音乐之夜的酒吧为中心。但如果你想要触及新的听众，而不是固有的那些，那你就不要安排过长的曲目，不要弹复杂到吓人的当代音乐来展示你有多么先锋。但如果你是先锋派，那么就弹十五分钟的勃拉姆斯和肖邦，因为他们毕竟是勃拉姆斯和肖邦，无论你对施托克豪森[1]和伯特威斯尔[2]的热爱有多深沉，我们都知道他们之间并不存在真正的竞争。

像贝多芬那样和艺术家们分享音乐会。办一些室内乐、一些独奏、一些歌曲的音乐会。多样化总是好的。

让听众带着饮料进来，与他们紧密接触，在舞台和社交媒体上与他们聊天。这是非常重要的一点。最近我和一个主流唱片公司的老板吃午饭，讨论如何才能卖更多的唱片。他说他那儿几乎所有的艺术家都难以应付——他们不愿意在被认为不够有声望的地点演奏，不想接受采访，不适应与听众接触。这原本没什么问题，直到你意识到完全靠唱片公司来支持生意，卖唱片和卖票的日子一去不复返了。我们音乐家需要参与并建立与听众的联系，这效果要远胜过音乐会后给少数几个

1 卡尔海因茨·施托克豪森（Karlheinz Stockhausen，1928—2007），颇具影响力但也颇具争议的德国先锋派作曲家。

2 哈里森·伯特威斯尔（Harrison Birtwistle，1934— ），英国当代作曲家。

“签名猎人”签字。要和蔼可亲，回应推特和脸书上的消息，讲笑话，有人情味，抛弃“艺术家们应隐于自己的天才中”的胡说八道。要是你不这么做或是不能这么做，除非你有举世无双的天赋，否则你就要陷入困境了。只擅长音乐已经远远不够了。也要确保你的管理团队和唱片公司意见统一。

如果没有达成共识那就改变他们。一直以来我都十分幸运，能与经纪人相处甚洽，我所在的唱片公司西格纳姆也是如此，他们的头头史蒂夫一直都是百分百黑手党大佬似的人物。然而我还想做得更多。我是如此渴望脱离古典音乐自己挖掘的战壕，因此我正在建立自己的唱片公司“器乐录音”（Instrumental Record）。我想组建自己的创意中心。

如果绝大多数的女性古典音乐家们不以长相来营销呢？如果没有必要为了卖唱片而去录大提琴和钢琴版的《悲惨世界》呢？如果不用公司告诉你要录什么，不用他们选唱片封面，不让老派的学者写内页文字、无力地把它推送给1000个Twitter追随者、在发行日一个月后以14英镑的价格放到亚马逊上卖？

“器乐录音”让我能给予音乐家们录他们想录的作品的机会。我们会设计漂亮的封面，以公司的名义巡演，举办尊重音乐、音乐家和听众的音乐会，培养新锐，无论他们的长相和年纪，支付音乐家们应得的版税，对他们想做的事情提供更优质的全方面控制，鼓励和扶持我们参与的音乐革命中线上和线下的经营模式。

我们可以办个真正推崇古典音乐精华的颁奖仪式——不是廉价、简化的垃圾，也不是互相吹捧、自娱自乐的卑鄙勾当。就是一些才华横溢的音乐家、热心老道的主办方、欢声笑语、音乐、灵感和愉悦。而最后这项在艺术领域一直以来不是被看得太高就是太低，又一直恐惧介于两者之间的一切。

而最好的部分看来是，我会得到这国家中最具有影响力的电视广播的绝对支持，因为我为第四频道做的工作。抛开萨维尔那档子事，在很多方面，我都是喜爱并欣赏BBC的。但是他们看起来是在给信教者说教；他们的古典音乐节目就像他们一样，并不留心去吸引新的听众，而只是满足现有的那些。有了第四频道的支持，以及我自己唱片公司的创建，艺术家和听众可以互相了解，音乐是最首要的，我终于也有机会设法实现我从记事起就一直怀有的梦想了。

而如果你在阅读这些，并有想要发表的意见，那就加入我吧。无论你是在大唱片公司旗下厌倦了不被重视，或是你从未录过音却渴望要录一张，请告诉我；如果你对下述状况感到恐惧——郎朗在全英古典音乐奖上愉快地砍掉了一首肖邦波洛涅兹的一半，没有解释原因，仅仅是因为它要在电视上播放，要符合神奇的三分钟高清动画格式的限制，而不是去找另一首短一点的曲子；如果你想要，并能够与你的听众讲话，散播纯粹美好的东西，对百分之二十的更希望你闭嘴只弹琴的听众说“滚蛋”——那我们一起录唱片、巡回演出，我们一起做了不起的、辉煌的、值得一做的，且服务于音乐、听众和演奏者的事情。

某个夜晚我在巴比肯艺术中心和史蒂芬·弗莱聊了聊古典音乐面临的问题。我弹了琴，回答了问题，我们进行了辩论。收费五英镑，现场人满为患，充满着对音乐、讨论和表演真正的渴望。想象一下吧：一群极有天赋的音乐家们进行巡演，愿意且能够参与到与听众的问答中，介绍曲子，会做免费的大师班和演讲，真诚地分享他们的意见，为这国家的音乐教育贡献一份力量。

好吧，我知道这听起来有一点儿像我自己乌托邦式的想象，它会遭遇逆境，但请相信我，我会让它成真的。

我最近去了赫特福德郡的一所在绿叶葱茏中的中学。这是为新的第四频道系列节目所做的制作前的探访。我想看看学校音乐课程的情况是怎样的。我面对着一个班级30个学生，他们对音乐充满着渴望、热情和热忱。他们（天才的）老师总共有每年400英镑的预算来给160个孩子。

因为不得不死命地进行创造，我看到的就是一个缩小版本的Stomp——垃圾箱、人造黄油罐和巧克力盒子被用作乐器，一个看起来被当过柴火的大提琴，还有一堆被蹂躏过的小号，完全不能用了。热情、好奇心、努力和有创造力的老师——学习的这些必要组成部分，面对的是拖把、垃圾桶，而不是乐器以及私人学费的补贴，这一教育机制出了大问题了。

有多少未来的阿黛尔、阿什肯纳齐、西蒙·拉特尔[1]或是埃尔顿·约翰被我们错过，只因为我们没有给他们更多机会去探索音乐的制作？可能更重要的是，不谈未来的商业成功如何，有多少具有创造力的头脑会被政府因为懒惰、追逐选票和错位的优先权而扼杀？又一门艺术被淘汰了。这个权利和一夜成名的时代被《热度》杂志和它的同类鼓吹且理想化了，如今除非你有2万个推特粉丝、一百万次的YouTube点击率，且已经有写好的专辑被创作出来了，否则唱片公司不会看你第二眼，有些人就是认为应该把音乐教育当作是奢侈品，而不是基本权利。如果这一观念没有转变，带来的影响无疑会是深远且持久的。所以让我们改变它吧。

看看尼古拉斯·赛罗塔爵士为泰特美术馆所做的——泰特一度是一小众群体的特权场所，现在，每年却有超过7百万人次的访问量，他们前来探索一个在几十年前对大多数人来说

---

1 西蒙·拉特尔（Simon Rattle，1955— ），英国指挥家，现任柏林爱乐乐团常驻指挥（将于2018年卸任），也是执掌柏林爱乐长达35年的赫伯特·冯·卡拉扬的继任者。

可能是完全陌生的世界。赛罗塔和他的团队放松了特权阶层对现代艺术的压制，猛然地对所有人推开了它的大门，而他们没有通过改变或是降低艺术作品的难度来做到这点。古典音乐为什么不这么做呢？不玩什么骗人的把戏，不以糟糕的跨界音乐和把露点当卖点来实现呢？在很多方面，古典音乐都是最后一种开放自身给所有人的艺术形式。去他妈的，真是够了。更惭愧的是，导致这一状况的并不只是因为唱片公司、作为整体的产业，以及经纪人的缘故，很大程度上就是因为艺术家和音乐家本身。

显然古典音乐需要被拯救的状况已经存在很长时间了。这产业的死期在十多年前就被预言过了，对紧急、彻底检修的大声呼吁已经反复多次，一道伴随着的还有要在广告宣传、品牌和呈现方面做彻底改变的痛声疾呼。

我同意，有些事必须要改变。不是要“拯救产业”，不是继续保障指挥家们可以因为一夜的工作而获得5万英镑，甚至不是要保障伦敦那过多的世界著名交响乐团可以继续存活（尽管我极其希望他们可以存活）。我只是无法安于只有如此少的人能把它当作一个有效的选项这一事实。

逍遥音乐节一直以来都在正确的方向上前进，这是我们应该深深感到自豪的。它今年开放售票时，几小时里就卖出了超过8万张票。我们应该为举办了这世上最大的音乐盛事而感到骄傲，那里吸引了最才华横溢的人。音乐会的实况会被转播到广播上、网上，有时会在电视上。曲目有上百万个。是什么使得逍遥音乐节因为做得到位而获得全胜，而其他地方却充满了对日益减少的听众的抱怨呢？是不是因为根本就没人在意听众的穿着呢？节目安排的多样性？在包括午餐时间、傍晚、晚间，以及深夜开始呢？

显然以上这些都是对的。但是对我来说，逍遥音乐节获得成功的首要原因是它没有目空一切。它没有对公众趾高气扬；它只是设法让你觉得无论你对古典音乐的了解如何，你的经历如何，你的喜好、着装品位、个人背景或是理解力是怎样的，你都会受到真挚、热烈的欢迎。如果你想要在乐章间鼓掌，不必拘束。不知道作曲家的名字如何发音？谁在乎呢！没有想要大声且自鸣得意地念出独奏家决定的返场曲目的冲动？这才好呢。而那些大的音乐厅却很少（如果有的话）这么去做。

逍遥音乐节当然也为我们国家为数不少的所有天才摇旗呐喊——史蒂芬·霍夫，保罗·路易斯，妮古拉·贝内代蒂，本杰明·格罗夫纳[1]等音乐家都被隆重推介过。如果我们能以

---

1 史蒂芬·霍夫（Stephen Hough，1961— ），出生于英国的钢琴家、作曲家和作家。保罗·路易斯（Paul Lewis，1972— ），英国钢琴家。妮古拉·贝内代蒂（Nicola Benedetti，1987— ），苏格兰小提琴家。本杰明·格罗夫纳（Benjamin Grosvenor，1992— ），英国钢琴家，也是迄今为止登上逍遥音乐节的最年轻的独奏音乐家。

某种形式把这想法从逍遥音乐节转化到整个英国，那我们的未来就会相当乐观了。这一过程已经开始了——去年，大多数美国人去到古典音乐会的次数超过了去看橄榄球的次数。我们必须不让这股势头渐渐消退。

第十九曲

拉赫玛尼诺夫,《帕格尼尼主题狂想曲》

钢琴：科奇什 · 佐尔坦[1]

谢尔盖 · 拉赫玛尼诺夫。我对这位作曲家怀着如此深沉的爱，以至于我用西里尔字母在自己的前臂上文了他的名字。一个巨人，一个六英尺六英寸（约合两米）高[2]，狂躁、阴沉、躁郁的百万富翁钢琴家和作曲家。当斯特拉文斯基、勋伯格以及其他作曲家痛骂“小节线的暴政”，并颂扬着“不和谐音的解放”，把调性边界推过极限的时候，谢尔盖坚定立场，浪漫主义的机关枪火力全开，冒出来一个又一个无比富于深度、诗意和才华的作品。

---

1 科奇什 · 佐尔坦（Kocsis Zoltán，1952—2016），匈牙利钢琴家、指挥家和作曲家。

2 拉赫玛尼诺夫的实际身高在美国埃利斯岛的移民管理局多次被登记为“六英尺一英寸”（约合1米85）。

他烟瘾很大，用接受催眠的手段来帮助自己克服抑郁症，与自己的堂妹结婚，有一双无与伦比的巨大的手，可以一手跨到钢琴的十二个琴键。

有那么多作曲家写过基于帕格尼尼著名主题的作品——从勃拉姆斯到李斯特到卢托斯瓦夫斯基[1]。拉赫玛尼诺夫却是其中的佼佼者。想想看吧，它是由一个被称为“六英尺的怒容”的家伙写出来的作品。

2013年3月，在九个月的分手之后，哈蒂和我开始非常缓慢地聊聊天。我知道我非常需要向她证明我不是那个五年前和她在一起时容易恐慌且反复无常的控制狂，我依然知道这一点。而她也意识到她疯狂地想念我，尽管享有单身生活的诱惑和自由，她却净遇到了一些奇葩和怪胎。尽管还经常有不足之处，但在几个月的付出、聆听和尝试表现出我最好的一面之后，我在摄政公园的秘密一角与她见面，并向她求婚。

她答应了。

---

1 维托尔德·卢托斯瓦夫斯基（Witold Lutoslawski，1913—1994），举足轻重的20世纪波兰作曲家，也是重要的20世纪欧洲作曲家，虽在创作生涯的中后期也采纳了各种现代音乐技法，但并不乏丰富的情感。

她可能会改变主意。她可能会认为这不是她要的。有太多太多的理由让我的请求被否决。但是我知道，绝对且明确，平生第一次，我拿出了最佳状态，并且会一直保持下去，只要她愿意接受我。

我曾花了五年时间和哈蒂相处，才弄明白发生了什么，我做错了什么，更重要的是，我找到了解决问题的方法。

有很多自助类的书籍是关于恋爱和情感关系的。他们会用一些词，比如“互相依赖”“界限”和“镜像”。阅读它们很受启发，但是对我来说派不上什么用场。我认为它们类似于《男人健康》和《时尚》杂志上配有完美肌肉的封面故事一样——有博人眼球和让人兴奋的四分钟，然后你便会意识到它需要配合饮食、锻炼、自律和日常生活等方面180度的彻底转变。要我现在给出一些关于情感关系的建议，这很可笑。但是这么说吧：问一个嗑海洛因多年的家伙如何停止吸毒，比向一个不知道如何正确注射的普通医生求救要有信息量得多。

我曾有一段乱成一团的婚姻，并差点失去了我人生中的挚爱，因为我想要弄明白自己该怎么做。而最终，尽管这花了我15年的时间，我还是设法找到了对我有用的情感关系指南。如果你能摆脱自己的自负，那这很简单。如果你不能，那就没戏。但是有件事是极其清楚的，问题在你，而不在其他人。

你大可以说我的看法是错的，我根本不在乎。我可以向你保证如果在你的感情中有什么“错”了，如果你不高兴，且以“如果他或她做了或没做……就好了”来开始任何句子，那你就完蛋了，这段感情不会持续下去，而你终究会陷入悲惨的境地。这对有些人来说没什么，特别是像我这样的人，因为我就喜欢惨兮兮的感觉。这会给我动力，坚定了我对于整个世界都是一坨屎且不停和我过不去的那些信念，让我感觉良好且舒适、自怜地蜷缩起来。

让我感到惊奇的是有那么多人热爱不高兴的感觉。为自己的身体、性生活、情感、工作、事业、家庭、房子、假期、发型或是其他随便什么而不高兴。我们整个文化的特点就是围绕着不知足，持续地需要闪闪发亮、更快、更小、更大、更好的东西。广告业因此发家致富，医药、烟草和酒精也因此销售一空。人们曾经更快乐。快乐得多。在定量补给的时代，巨大的经济困难和战争却让人在情感上富足，比起我们今天有操蛋的iPhone和光纤宽带的时代更团结，更感到满足。

而我们把这一切期望都转移到我们的爱人身上。在最开始能改变思想的化学反应作用消失后（如果你幸运的话有六个月时间，通常就是短短几周），男人们希望更年轻紧致、更淫荡火辣、更性感窈窕的女人。女人则想要更多的安全感——更感性富有、更强壮且善解人意、更健谈自信的男人。这根本就是扯淡，但它已经渗透到我们社会的每个角落。如果，在这一时刻，你和你爱的人在一起，你们都想安顿下来，那就要去做一些事情，它基本上能保证你有一段快乐、长久的感情。

首要的是，你错了。无所谓关于什么；如果你知道你是对的，如果你的朋友们告诉你你是对的，那你还是错的。他忘了你们的纪念日所以你生气了？你不该生气。住嘴。她不停抱怨你花了多少时间在工作上，一而再再而三地唠叨，你因此对她不爽？你错了。别再犯浑。任何关系中的最大杀手就是计较得失。伟大的波斯诗人鲁米写道："有个地方，超越是非对错，有一座花园。我会在那里等你。"我有个好友与他的女朋友去伴侣心理咨询，他会藏着掖着些东西在咨询过程中来伏击她。某个星期他们被布置了作业，但她没有做，完全忘了。他当然做了他的那一份。他有没有温和地提醒她，希望他们都做了作业，这样可能会让他们向前迈进，令彼此变得更紧密些呢？才不呢。他很高兴她没做，一直等到治疗会面的时候抓住了她的小辫子，就像个沾沾自喜的孩子，终于在课堂上做了什么正确的事情，并且希望整个世界都知道。天哪。

感到做得不对是值得歌颂的。来自"我真的要玩命努力才能弥补自己长久以来的错误，希望她能原谅我"这一态度。这样你才有前途。把每次赴宴/外出/散步/谈话都当作与某个你极度想打动的人的第一次约会。苦恼该穿什么，为是否在晚餐中有东西塞到了牙缝里而焦虑，彻底地洗干净你的蛋蛋，以备获得幸运眷顾的微小可能，带上鲜花，订餐厅里布置得最浪漫的位置，聚精会神，仔细听她说的每个字，就好像你的生命取决于它。

付出。付出所有的时间。付出，直到你精疲力竭，然后给予更多。当她使你疯狂到让你忘乎所以，那就去给她倒杯茶，给她按摩，跪倒在她裙下，给她买个钻戒。这是最好的练习。这么做一个月，你会看到因此而发生的改变。你可千万别胆敢抱有获得任何报偿或是感谢的期待。要这么去做，仅仅因为你喜欢这个人，他是独一无二的，你崇拜他，而且想要他。如果不是发自真心，那你们不会在一起。要这么去做，因为你深深知道你太他妈的幸运了，能有机会在严寒和大雨中给她买上一束她最爱的鲜花。

立下誓言——禁止不忠，或是严重的虐待——没有商量的余地。这甚至没什么好讨论的。出发点是你们在一起，是一个团队，句号，结束。任何问题，无论多么严重，都要共同处理。不存在什么置身事外的情况。把这个誓言看得好像抽烟者成功戒烟后对于香烟发的誓一样。无论发生什么，都不要点燃烟头。对婚姻/情感做同样的事情要十倍地简单于戒烟，因为它不会烧到你，也不会最终杀死你。你只是对这个人做出了承诺，无论发生什么，都要站在一起，并肩战斗，成为统一战线，这会大于你一个人所有的力量。这是你该在关系最开始的时候就告诉她几百遍的事情，这是你在每次发消息说爱她时要写个几千遍的，这是你们在做爱时在她耳边轻声低语的。伙计，振作起来，信守誓言，说到做到。

不要打探彼此的过去。不要在任何情况下问起前任，问他们有过多少个情人，有没有和别人肛交，有没有吞过精，有没有和别人去过这个国家/旅馆/酒店，等等。不要与别人分析你们的情感，不要查证对方在哪里，或是要去哪里。这么做不会有任何积极的效果。

要预料到对方的需要，做让他们感觉良好的事情，尽管你觉得这很傻、错误、太过纵容。在一天过去的时候花十分钟互相交谈。每人五分钟，聊聊今天的生活，别去打断对方——他们感激的事，其他人做的让他们感动的事情，他们感到兴奋的事情，还有他们感到烦恼的事情。永远都要以“我爱你”和一个吻来结束一天。永远。

而当你有孩子的时候这一切就变得尤为重要了。你们的孩子绝对应该知道，毫无疑问地，妈妈/爸爸是最重要的。你们之间的关系是最基本的关系，是重中之重。爱你的孩子们，宠溺他们，陪伴他们，给他们你没有从自己父母那里获得的一切。但是永远不要因为他们冲进房间说要冰激凌而中断你与妻子的对话。不要因为纵容他们而改变你的计划。不要让他们成为你宇宙的中心。他们会因此憎恨你，且最终，更糟的是，他们会带着理所应当的优越感成长，这要花几十年才能消解——如果他们够幸运的话。

这些都不是像研究火箭那样高精尖的事情。会坏事的唯有你，更准确地说，是你的自负。当然你也会想要跟别人搞外遇。你当然会因为配偶发胖了一些，看上去不再那么漂亮/英俊而感到苦恼；你当然会觉得与某个刚认识的新鲜且叫人兴奋的人在一起能更轻松。并不会。你会浪费掉另一个十年，落入完全一样的处境，而且会更加讨厌自己。别这么做。要意识到你可以开开心心地和正在你身边的人在一起，赶紧去吧，把那“如果/要是”的妄想能量投入到其他更具有建设性的事情中。

我以上讲到的这一切都可以归结为三个字：要善良。不要把善良和软弱搞混。善良这门艺术已十分罕见。它是这世上最重要的品质，没有之一，而且严重缺乏。

当其他一切都失败的时候，想想如果没有爱人你的人生会是怎样的。不是满世界地约炮，有一大堆的可支配收入，随时蒙头大睡，上厕所时开着门，而是要面对日复一日不再有那个人的揪心、寂寞、冰冷的事实。设身处地地去感受，然后再这么做一遍。花几小时真正地沉浸在那样的空间中，然后从每个不同的角度来看待它，感受它。然后，别再当个混蛋，回到你手头的工作中去。

滑稽得很，自从我意识到这些事情后，我在亲密关系中获得了空前绝后的快乐。哈蒂和我分享着我从前不明白却一直妒忌别人的事情。我们就是适合彼此。我因生活中有了她而变得更强大，更开放，更善良，也更会处理事情了。我搞砸了一次又一次，然后我拥有了它，纠正了它，更努力地尝试，把我们放在第一位。这是唯一的方法，最佳的方法，最有回报的方法。我看着她，她看着我，一切都很完美。我放眼望向未来，排满了音乐会、拍摄、旅行、写作、充实的生活，若是没有她的存在我的生活会无法可想。最妙的是她确实也真正地理解我。莫名其妙的是，她觉得我性感，才华横溢，且有时很有趣。她以某种出乎意料、令人愉悦、深思熟虑且精彩绝伦的方式回应着我。她忠诚、凌乱又奇怪，是个出色的音乐家和作家。我想赢得的彩票是我们在七十多岁时能手拉手等公交，而人们无法不对我们投以笑容。

第二十曲

巴赫，《哥德堡变奏曲》，返始咏叹调

钢琴：格伦·古尔德

巴赫以同样的32小节咏叹调来开始和结束他的《哥德堡变奏曲》。32，恰恰也是这整个变奏曲的片段的数目。作品有着完满的循环，以开始的第一部分结束，且与开头那32小节的每个音都一模一样。但当然，当我们听到它的时候，我们与60分钟前的状态已非常不同了（若是钢琴家以正确的方式弹奏这曲子的话）。巴赫带我们走上了一段旅程，我们以自己的记忆、感受和境遇来诠释和体验它。你会以与我不同的方式来回应它，反之亦然。音乐的荣耀，特别是音乐的不朽正在于此。

我感到应该由这本书的开始——《哥德堡变奏曲》的咏

叹调来结束这本书。因为这正是音乐的意义——我们听到一段音乐，并感到了些什么。我们听到同一段音乐，在不同的时间，尽管这音乐没有改变，我们的反应却总是略有些不同。

我私人的《哥德堡变奏曲》是从我还是一个号啕大哭的七英磅（约合三公斤）的婴儿开始的，而我的人生，到目前为止都由很多段变奏组成——有些快乐，有些残酷，有些充满希望，而有些沉浸在悲伤和愤怒之中。我失去了童年，但获得了一个孩子。我失掉了婚姻，但获得了一个灵魂伴侣。我迷失过方向，但获得了事业，也获得了人生中第四、第五次机会，这经验如此难能可贵。

在我向哈蒂求婚后的短短几周后，我们都坐在我的起居室里，看我为第四频道做的第一个节目，也是这本书的开始。这是我奇葩人生的终结，也是一个全新人生的开始，我希望它能少一些痛苦，多一些音乐，还有更多善意。

当我在未来弹奏这首变奏曲的时候我会把这段咏叹调弹得比起开头那段更慢，更平静，更温和，因为最终，这是我经历完这一段又一段变奏之后的人生状态。

真他妈的该谢谢这一切。

后记

我不知道自己是否能在接下来几年幸存下来。我曾处在让自己感到踏实、可靠、愉快、强大的处境中，而现在都一扫而尽。不幸的是，再度过糟糕的两周时间我就又要被送进封闭式的精神病院了。

我不知道这书中关于自身和音乐的想法是否会散播且壮大起来，发展成一些持久且有价值的东西。

但我有种强烈的感觉，在我个人和职业层面上都有某种革命正在发生。

在我身上发生的革命是我要重新评估自认为知道的一切，并以开明的态度面对之前看起来陌生、错误和不可能的想法。这花了我很长时间，而且上面还附上了一个巨大的、难以承担的代价。

在我之外的革命，我为之投入自己生命的产业尚在襁褓之中。我足够幸运能扮演一个小小的角色，与少数抱有同样信念的人一起并肩作战，我们都想把音乐从混蛋的暴政中解放出来。

若想助我们一臂之力，你只需侧耳聆听。或许可以分享给朋友，或是把它分享给你的孩子们。这是一件高尚的事，一桩善良的事。

音乐可以照亮其他东西无法达到的地方。伟大的疯子和音乐天才舒曼告诉我们，“艺术家的职责是用光照亮人类心灵的黑暗之处”。我想这是我们所有人的职责，无论我们做什么来填满自己的生命。

而只要尊崇着这一点，哪怕没能做到，我也能愉快地入睡。

致谢

有很多人，要是没有他们，我很确定我就离开人世了。他们一直都是我生命的一部分，有些陪伴我几小时或是几天，有些是许多年。有些是我整个存在的基本构造——无论是从一开始就跟进，还是半程才入场的。我的经历是：当我疏理自己的烂摊子时，关注着自己——当我做错了什么，有地方亟待提高，可以更多一些长进的时候，就会有连锁反应了。我和许多人的关系，无论新老，都发展了起来，且培养出了几年前我无法想象的东西。事实是当我成长的时候，我的人际关系也成长了。

我选择了一份工作（或者可能是它选择了我），它可怕且危险，需要花数不尽的时间独自待在一间小房间里或是一个大舞台上专注、思考和感受。大多情况下这对于某个有毛病的脑袋，还有奇怪超常神经的人来说并不是很好。过程中会交替着出现安全、恐惧、充满压力和复苏。奇怪的是，有时它们会一道发生。

而在围绕着我的人之中，有一组小小的核心成员，他们与我同在，持续地让我有安全感，感觉完整。

我妈妈，从来没有抛弃过我，从来没有在我寻求帮助时令我失望，一直支持、鼓励，还有爱我。

我最好的朋友，伴郎，最好的一切，马修，他的妻子曾为我缝合伤口，他不止一次地载我去医院，联络警察和医生，照顾我的前妻和儿子，肩负着不该有人承受的重担和职责，却毫无怨言，且报以体谅和爱意。

邓永锵爵士，他在我的道路上补助、支持、帮衬着我，以一种我无法充分描述的方式公正行事。他是我认识的人中最慷慨大方的，也是我最钦佩的人之一。

本尼迪克特·康伯巴奇，（这个名字是）世界上所有拼写检查程序的敌人，给了我建议、友谊、电影、晚餐、首映、陪伴、可疑的时尚建议、时间和精力，很多时候还是在他拍摄某部投资高达1亿美元的史诗级好莱坞电影的当口。当我在学校认识他的时候他是个小个子、书卷气、有点呆、安静、说话轻柔的友善男孩。他依然如此，除了“小个子”。他在人群中是个巨人，也是他这一代演员中最有才华的。

比利·沙纳汉是我坚韧而有耐心的心理医生。当我第一次碰到他的时候（太多医生中的最后一个），我就知道自己可以相信他，因为他懂得我所知道的——人生短暂且无常，而对很多很多人而言，自杀是个合情合理的出路。他是很罕见的那类医生，有着真正的同情心和理解能力，这两种品格抵得上百万片阿普唑仑。

德伦·布朗——毫不夸张地说——是我碰到的最最讨人喜欢的人。他无论在我私人还是职业生涯中都一直陪伴着我，已经很多年了。他心胸宽广，惊人的善良，给予过我很多的帮助，在任何方面都绝对值得信赖。我从不会尝试着与他获得的职业成就做哪怕最含糊的比较，我只希望能有一丝和他一样的真实和谦逊。他鼓舞着我，无法言喻。

史蒂芬·弗莱不仅主持了我们的婚礼，还一直都是善举的坚定支持者。他屡次为令人感到不舒适的、被误解的、复杂却又重要的主题冒险。他是我所认识的人中很少能以在家喝茶的姿态在摄像机前谈论躁郁症和同性恋群体所受不公正待遇的人。他的善良、建议、支持，以及无比聪慧的大脑常能让我摆脱摇晃不定的完全崩溃。他真他妈的是个传奇人物，也是我唯一可以求助的人。

丹尼·布莱。你把我从一个无名小卒变成了一个略有名气的小卒，开了一些音乐会，出了五张唱片，拍过电视节目，开过很多发布会，出过一本书，DVD，全球巡回演出，以及不错的银行存款。你处事如此小心谨慎，合情合理，仔细且富于同情心。你在我被逼迫、拉扯、哭喊、咆哮、尖叫和抱怨的时候也是如此。你从没有让我失望过。你是所有我职业生涯中的大好事、我私人生活中一切有价值的事的缘由。你是个经理、律师、经纪人、心理医生、护士、保镖、摄影师、摄像师、作者、银行家、大厨、向导、牧师、清洁工、顾问、制片人、朋友、伙伴和父亲的替身。让我们携手向前，完成我们五年前设定的目标。

杰克。我的孩子。你一直是，也一直会是我生命中最美好的事物。某一天你自己可能也会成为父亲，那时你就会明白了。到那天之前，我只能向你发誓，在一切我珍视的东西中，没有什么能接近于我对你的爱意和自豪。你是我的小动物，那个我怀抱过、喂养过、搂抱过的小小东西，现在已经成长并探索着成为自己和一个伟大的人。你永远都可以有我的陪伴，永远都有一个家可以投奔，不必仅仅为了偿付抵押贷款而去做让自己勉为其难的事情。我希望你做任何、一切能让你充实并微笑的事情。成为你想成为的人，要知道，我无法因你而感到更骄傲了。你——远远超过我生命中其他的任何人，是最能鼓舞我心的。你是我绝对的喜悦。

最后是哈蒂。我确实最近才发现，但是我现在终于知道一个好女人的爱可以拯救一个男人。而你绝不仅是个好女人。你勇敢、开放、坚韧不拔且活泼饱满。你有你的能量，它能震撼和颠覆我的世界，我的心灵，并让它们不停旋转。你那诱人的古灵精怪，有着吞噬一切的美，能从你每个毛孔和细胞中散发开来。而我希望自己永远不要相信有你在身边我是多么幸运。我想要一直都感到好似短暂的坠落，以此可以让自己更努力。我想要不息地赢得成为你的男人的荣幸，向你展现我对你和我们的承诺是我坚定不移的最优先事项。因为我爱你。哦，我太爱你了！

曾经有个脆弱的男人。他遇到了一个脆弱的女人。他们足够幸运，意识到两个人的脆弱等于一个强大的人，因此这两个怪胎就结婚了。因为这是毫无疑问、诚实、真诚，又绝对正确的事。而接着，某天，他们有了自己的小崽崽。然后堂而皇之地整蛊这些小崽崽，就像所有家长一样。

附 录

“对吉米·萨维尔的愤慨掩盖了我们文化中鼓励恋童癖的事实。相信我，我知道自己在说什么。”

《每日电讯报》文化博客，2012年11月1日

我们读到的恐怖事物越来越多，而现在，不可争辩的事实是当其他人知道这正在发生，我们多会大声疾呼且义愤填膺。这展示了推特、小报报社、个人博客以及在酒吧里吵闹、长舌的家伙们令人恼怒和心烦的一面。道德的制高点。暴怒的抱怨声，以及自以为是的清白无辜。

强烈的抗议完全不会有任何作用。有多少“不再发生”的事却再次发生了？用类似“骚扰”或是“虐待”的这类用词，与孩童强奸造成的恐怖伤害南辕北辙。因为判刑是由罪行而定的。你会因为说“我要杀了你”而在监狱里服更长时间的刑（最高量刑十年），长于与你3岁的女儿发生性行为而服刑

的时间（最高量刑七年）。报纸会欣喜地登出14岁女孩儿做日光浴的照片，且使用含带性欲的语言来描述它们，同时又对萨维尔、格利特[1]之流的丑闻表现出愤怒和震惊。

名流的文化与教廷一般，有着秘密、充满权力和威信的笼罩。我们为何要对于在这样的圈子中发生的性虐事件感到惊奇呢？让我感到奇怪的是人们竟然真的看起来很吃惊。在任何有权力的环境里都存在该权力带来的虐待。

我在学校受到虐待的五年间，起码有一名老师是有所知晓的，但在她向学校有关人士表达了对于此事的关切后，也没有任何措施出现，恐怖继续着。

我们读到类似的事情，想着“真可怕呀”，然后就继续吃玉米片了，没有人真正地想要透过现象看本质。强奸的生理行为只是开始——每次发生的时候，我都感觉像是把自己的一小部分遗失在他那儿了，直到基本上不再有什么真实的自己留存下来。而这些部分哪怕历经时日，看起来也依旧是回不来了。幸存者留下的阴影太经常地被报道、检视和关注所忽略了。

对此我已经说了很多。但是其中有一些是值得反复讲述的。直到它被尽可能多的人们听到，以此来更努力地阻止它

1　加里·格利特（Gary Glitter，1944—　），英国摇滚歌手，和前注中的萨维尔一样身陷性侵儿童的性丑闻。在2015年被判处16年监禁。

发生。

这些我早先写到的副作用：自残。抑郁。药物和酒精滥用。修复手术。强迫症。精神分裂。无力维持有效的情感关系。婚姻破裂。被迫关进精神病院。幻觉（听觉和视觉上的）。过度警觉。创伤后压力综合征。性羞耻和性困惑。神经性厌食症和其他饮食失调。这只是我因为长期性虐而引发的症状（缺少一个更准确的词）中的一部分。这些都发生在我不久前的生活中，一些依然伴随着我，而我遭受的虐待却发生在30年之前。我并不是说它们是我的经历所导致的不可避免的结果，我猜有些人可以经受相似的事而能基本毫发无损地摆脱。我想说的是如果生存是一场马拉松，那么童年时期的性虐待会卓有成效地在起跑线上砍掉你的一条腿，并给你加上一背包的板砖。

我不想写这样的事情。我不想处理因此而必然激起的羞耻和曝光的感受。我也不想回应我是在用自己的故事来卖唱片、自怨自艾、搏出位或是任何其他已经毫无疑问地不断用来攻击我的指控。然而我既不想不得已地保持沉默，或是更糟，感觉似乎自己就该保持沉默，当我们的文化中有那么多（在很多方面是如此难以置信地发展着）允许、认同、鼓励和陶醉于对于孩童的性虐待。在媒体对孩童性虐待的严厉指责中，恋童癖获得了残酷、含糊不清的挑逗和令他们兴奋的刺激，这些却都被闪躲过去了。

我们不能一方面在广告牌和杂志上放上孩子的色情意味图像，给6岁孩子穿的内裤上面印着樱桃图案，酒吧里有“校园迪斯科”的主题之夜，因为下载“不得体”图片而被判处社区服务（不得体？在教堂说“屎”才是不得体，这根本恶劣透顶），而另一方面，在面对萨维尔的新闻时却报以无望的恐惧。这两者并不能等同起来。这并不关乎审核媒体可以写什么（一则小报上的典型例子：“才15岁，但是科洛·莫瑞兹[1]……这个长着略带金黄的红发的女孩和一个男性朋友走了出来，穿着一件可爱的五十年代风格的灰蓝色无袖有领衬衫，在腰间打了个结——稍许露出一点儿肚脐。”），或是他们可以发表哪些照片。这事关那些无处发声的少数群体，他们没有能力去理解一些特定事实，且无法保护自己。

这些统统都被说过了。但是并没什么真正被改变了。我们忘了（谁会想要记得这些事情呢？），我们觉得大声疾呼会免除我们共同的罪过，让事情变得好起来，我们推卸责任，成就了暴民。我们总是在被判决为（或是怀疑为）恋童癖的人家门口涂上“恋童人渣”，然而我们真正要做的是睁大眼睛，绝不姑息。就像我们之前和现在对仇视同性恋的人和种族主义

1 科洛·莫瑞兹（Chloë Moretz，1997— ），7岁就开始演艺生涯的美国女演员。

者所做的行之有效的事情。我们要同时为受害者、作恶者，以及那些因强烈冲动的威胁而让他们成为作恶者的人寻找并提供卓有成效的治疗手段。我们需要重新修订量刑标准，开始更清晰公正地应对这些问题。如果需要指导原则，就要尽一切努力去争取，要不然我们就会——用个落入窠臼却恰如其分的措辞——继续陷入虐待的循环。

“终于：全英古典音乐奖暴露出对于古典音乐令人厌恶的罪行。”

《每日电讯报》文化博客，2012年8月8日

保罗·莫利理应获得一枚奖章。作为最伟大的音乐专栏作者之一，莫利一举揭露了全英古典音乐奖的真实面目——一个粗俗、毫无意义、惯耍手段且危险的骗局。

上周在皇家阿尔伯特音乐厅[1]，他以Sinfini（刚成立的一个新的古典音乐网站，颇具讽刺意味的是，它是由环球唱片公司办的）的邀请嘉宾身份就座，描述了在他眼前展开的恐

1 皇家阿尔伯特音乐厅（Royal Albert Hall），位于伦敦市中心西侧的南肯辛顿区，夹在海德公园的阿尔伯特纪念亭和皇家音乐学院之间。由维多利亚女王始建于1871年，献给亡夫阿尔伯特亲王。以从1914年开始的每年夏天举办的逍遥音乐节著名，座席逾5000，是英国重要的艺术地标。

怖表演。莫利说出了古典音乐世界中很多人认同已久的话："对于通过流行或是摇滚进入音乐世界的人来说，'古典音乐'的形式打扮得跟媚俗的大型烛台似的，还有那些陈年旧谷子的玩意儿，压根就无法劝服他们，这里有他们所需的任何东西。"

他继而讨论了组织者要出的把戏，转向某种或许会质疑其中动机的批判性视角，以及该奖项与古典音乐，或是与任何音乐的微弱联系。

此处的关键词是"任何音乐"。全英古典音乐奖幕后的人（各类电台老板、唱片公司头头、公关行家、经纪人、赞助商、记者组成的阴谋团伙）很多年以来稀释且屠宰着古典音乐，把它扔进一个混着跨界风格的感伤音乐、电影原声音乐、流行歌剧和贪婪的搅拌机，并尝试说服我们这傻不啦叽、令人反胃的结果就是"古典音乐"。

我力劝你，一定要去看莫利的博客，读一遍、再读一遍，把它打印出来，多打几份，寄给所有与全英古典音乐奖这个容易使人暴躁的粪坑相关的公司头目们，附上一张卡片，上书：*你在做什么呢？*

我为Sinfini有胆量刊登这样的文章而鼓掌——而他们让一个摇滚乐记者来做这事当然绝非偶然。大多数的古典音乐行家们都不敢直言不讳，考虑到这个圈子是多么狭小，他们会知道假使跳出来批评全英古典音乐奖，那他们就大有可能被列入黑名单。

我想写一篇有这些句子的文章已经很久了，但是认为（或是起码我的经纪人这么觉得）这会让我太容易地成为嫉妒和愤恨的靶子，而我要成为一个音乐会钢琴家，因此人们会认为我饥渴于获得全英大奖的提名。我被邀请去参加今年的典礼，而我的回应是我宁可在我的手上拉屎再鼓掌，也不要坐在那儿忍受。我天真地在四年前去过一次，但发誓再也不会这么做了。实话实说，我依然会被创伤后遗症般来自那次经历的闪回所苦。我到目前为止都对自己的意见经常持有保留态度，但是莫利极大地鼓舞了我和盘托出自己的想法。

这个奖项是由英国唱片业协会创办的，而投票则是由“行业的高层、媒体、英国唱片商工会、音乐家工会、律师、赞助人，以及管弦乐队领导”构成，除了“年度专辑”，它是由古典音乐电台（Classic FM）的听众投票的。这些人是如何决定在2011年出于古典的最大利益，给“美声男伶”（Il Divo，西蒙·考威尔厂牌旗下的跨界“歌剧”四重唱组合）颁发“十年最佳艺术家”的。十年啊。在过去十年最非同凡响的古典艺术家是一个流行歌剧风格的声乐组合，是由考威尔创造、签下和管理的！不是克劳迪奥·阿巴多、玛莎·阿赫里奇、史蒂芬·霍夫、古斯塔沃·杜达梅[1]、西蒙·拉特爵士或是其他上千名负有国际盛名的音乐家，他们接受训练，付出了血汗，劳作、磨砺、打磨、精进，几十年里日复一日，埋头苦干数小时，来把他们的才能提升到能在萨尔兹堡音乐节、韦尔比耶音乐节、逍遥音乐节和卡耐基音乐厅登台亮相的水平。不奖励他们。而是一群被PS过的，有着闪亮牙齿、古铜色肌肤，假冒伪劣的古典音乐界怪人。

到底是哪些人坚定不移地想让普罗大众相信：凯瑟琳·詹金斯是个正儿八经的歌剧演唱家，罗素·沃森能搞得定考文特花园皇家音乐厅一周的演出，卢多维科·埃诺迪与本杰明·布里顿同属一个世界，安德烈·瑞欧、安德鲁·劳埃德·韦伯和安德烈·波切利跻身于今日最伟大的古典音乐家之列？[2]是什么时候万事达信用卡批准他们年复一年地发动起一群人往自己的喉咙里强制吞食音乐中类似肯德基的玩意儿？

---

1 克劳迪奥·阿巴多（Claudio Abbado，1933—2014），意大利指挥家。玛莎·阿赫里奇（Martha Argerich，1941—　），阿根廷钢琴家。古斯塔沃·杜达梅（Gustavo Dudamel，1981—　），委内瑞拉指挥家。

2 凯瑟琳·詹金斯（Katherine Jenkins，1980—　），备受欢迎的英国威尔士古典跨界女歌手。罗素·沃森（Russell Watson，1966—　），英国跨界男高音歌手。卢多维科·埃诺迪（Ludovico Einaudi，1955—　），意大利钢琴家和作曲家，主要创作类型是新世纪音乐、简约音乐。本杰明·布里顿（Benjamin Britten，1913—1976），英国作曲家，也是英国20世纪音乐的核心人物。安德烈·瑞欧（André Rieu，1949—　），荷兰作曲家和小提琴家，主要创作领域是古典和古典跨界音乐。安德鲁·劳埃德·韦伯（Andrew Lloyd Webber，1948—　），英国著名的音乐剧作曲家。安德烈·波切利（Andrea Bocelli，1958—　），意大利古典跨界男高音歌手，盲人歌唱家。

要是我认为这只是组织者们的幼稚行为或真的甚至有什么善意，那么，在一堆阿普唑仑片和一位体贴的心理医生的照顾下，我会就此得过且过。但实情并非如此。我相信它的发生是有意的，经过深思熟虑、别有用心的计划，年复一年、一段又一段音轨、一张又一张唱片的削弱大众的印象，让他们渐渐相信在古典音乐中罗素·沃森真的和卡鲁索没什么区别；霍华德·肖和贝多芬可以以同样敬畏的语气谈及；迈琳·克拉斯和弗拉迪米尔·霍洛维茨同样都是钢琴家。[1]

这让我反胃。当我听那些人胡扯古典音乐行业的问题时，体会到过几乎无法抑制的暴怒。*你们才他妈的是问题呢*。古典音乐一直都是人民的音乐。它便宜（到处都有无比优惠的盒装唱片），易于获取（Spotify几乎把无尽数量的音乐放到了每台连接到网络的电脑上），还可以使听到它的人获得压倒性的、精彩绝伦的、激烈的人生转折。《歌剧魅影》（在颁奖礼上被兴致勃勃地演奏着）不乏魅力，但是它显然不是《费加罗》。当你邀请盖瑞·巴洛、安德鲁·劳埃德·韦伯和安德烈·瑞欧同台登上供应真材实料的逍遥音乐节，把他们看作古典音乐家的

1 恩里科·卡鲁索（Enrico Caruso，1873—1921），著名的意大利男高音歌唱家。霍华德·肖（Howard Shore，1946— ），以电影配乐（如《指环王》和《霍比特人》三部曲）著名的加拿大作曲家。迈琳·克拉斯（Myleene Klass，1978— ），英国歌手、钢琴家，公众人物。

时候，你不仅轻视了古典音乐，也轻视了我们。我们所有人。

我明白这是你们闪耀的时刻。在你们看来，这是你们离真正的全英大奖最近的唯一机会。你们上了电视（地面电视，尽管播放时间是星期天晚上11点），你们走上了红地毯，对着狗仔队微笑（他们不知道你是谁、是干吗的），你们假装了一晚孤单、不善交际，假装你们是演奏家，是乐手。但你们不是。

一个无可辩驳的事实是在未来的300年里我们依然会聆听和谈论着巴赫、贝多芬、肖邦以及其他作曲家。为此庆贺吧。为此而感到光荣吧。这一切是伟大、深邃、振聋发聩且超乎想象的。不要为了你的自负而贬低它。别浪费我们的时间自怨自艾吧。我们想要真正的音乐。好好地看看《留声机》大奖或是《BBC音乐杂志》奖，货真价实的奥斯卡大奖或是艾美的古典音乐奖，在那里，登峰造极的古典音乐家们受到尊重，去学习学习到底应该怎么做。

关键是我们没必要沿着全英古典音乐奖的低贱路子。你们在说的这恐怖的场面无非就是相当于：Joe Public乐队[1]实在是太粗俗、愚钝、蠢笨，无法不加音响编辑就优美地演奏肖邦

1 Joe Public乐队是美国新杰克摇摆风格（New Jack Swing，一种融合R & B和Hip-Hop风格的曲风）乐队，成立于1989年。

玛祖卡、门德尔松协奏曲或是贝多芬奏鸣曲。他们却因此给音乐用Hovis面包广告[1]般的形式去打音乐点滴，以时髦的灯光、浮华的舞台和在隆重的音乐厅里示人，号称这就是古典音乐。这种心态绝对不可原谅，更糟糕的是这主意出自一小群理应成为古典音乐形象大使的人。可他们却不断地中伤、贬损它，直到它会很快地被侵蚀到面目全非。这恰恰是这些人留给我们的恶果——尽管他们满嘴说着想要把古典音乐推向更广大听众的豪言壮语。

1 Hovis面包广告是Hovis面包公司在1978年发行的一支经典广告，在短短122秒时间内描述了英国过去122年的历史。

“古典音乐需要的是灌肠剂，而非奖项。”

《卫报》文化博客，2013年9月18日

古典音乐不是一个令人心驰神往的行业。回报基本上就是屎，还要一直进行激烈的追逐。它幕后的人们大多数都困在1930年代，本质上无法以任何方式与出生在1960年之后的人沟通。这产业被严重分裂，一方面给骗子们（一切向钱看，哪怕要把音乐贬斥到面目全非的程度），另一方面则给了“纯种人”——音乐中的雅利安族群，认为音乐专为智商超群、经过挑选的能理解它的人儿服务。

与此同时，在它背后呈示和排场的却是陈旧且令人不悦的，笼罩着自恃过高和无关痛痒的意味。但是，它不像一个胖乎乎享有特权又受到关注的孩子那样去尝试和挑战新事物，而完全在错误的地点宣扬着自己的自尊。为古典音乐产业（产业，而非听众）而设的音乐盛典在报纸上看起来一定是个绝好的新闻点。不幸的是，相互捧臭脚，以及“比下有余”的感受是如此猖獗于那些声称自己欣赏瓦雷兹和泽纳基斯[1]的人之间——而这只是提供了一个完美的方式，将对古典音乐来说真正重要的东西和对古典音乐背后这群人来说真正需要的东西进一步区分开来。

《留声机》大奖正是这么个例子。首先且最重要的是，它应该得到称赞，应当被广泛地称赞，因为它成了全英古典音乐奖的对应物。我甚至愿意去做小丑情色行当，也不会为全英古典音乐奖写个专栏来支持它，要知道，在今年，和艾尔菲·波[2]、凯瑟琳·詹金斯一道，理查德·克莱德曼的专辑《罗曼蒂克》（真的）被提名为年度专辑。其中包含了拼凑的《悲惨世界》和他自己创作无法仿效的《你鼓舞了我》（*You Raise Me Up*）的改编版本。对那些想要了解古典音乐的人，你最好要把钉子钉进你的耳朵，再把酒精灌进去。

回到《留声机》大奖。我喜欢《留声机》杂志。我是个

---

1 埃德加·瓦雷兹（Edgard Varèse，1883—1965），法国裔美国作曲家，20世纪先锋派作曲家，被认为是“电子音乐之父”。伊阿尼斯·泽纳基斯（Iannis Xenakis，1922—2001），法国、希腊双国籍作曲家、建筑家，20世纪先锋派作曲家。

2 艾尔菲·波（Alfie Boe，1973— ），英国男高音歌手，以音乐剧领域的表演而著名。

订户，在阅读完他们的推荐后，总是不可避免地每月花起码50英镑在买CD上。很大程度上和某个执迷于火车的人在紧紧攥着他那本（崭新的）《古董铁道》杂志时看到霍恩比火车模型店会发痴一样，我也会因为读到（另一位）天才俄罗斯钢琴家最近的拉赫玛尼诺夫作品录音的文字而疯狂。它如同社交障碍者的《热度》杂志，但仅限于此。它在世间的重要性排在花生酱和厕纸之间——它挺可爱的，但是绝对不是必不可少。

不像卑劣的全英大奖，《留声机》大奖对名副其实的重要古典音乐家报以尊敬——约翰·艾略特·加德纳爵士、史蒂芬·奥斯本、安东尼奥·帕帕诺[1]和其他音乐家们更实至名归地在今年获得了奖项。这是件大好事。如果奥斯本、帕帕诺是足球队员，那他们就会变得家喻户晓。可惜不是。而即便有这些典礼和演奏，这个产业完全没有给他们应得的地位和承认。在不时爆出的内部笑话，笨拙地写就的、局促定稿的演讲之外完全没有笑声，而且丝毫没有那些存在于古典音乐世界之外的人的痕迹。这只是另一个关于自身的颁奖典礼。自我庆贺、自视过高，音乐依然是作为少数人的财产，在音乐和公众之间又竖立起了另一座高墙。相比观看今晚的颁奖典礼，你能因为看

1 约翰·艾略特·加德纳爵士（Sir John Eliot Gardiner，1943— ），英国指挥家。史蒂芬·奥斯本（Steven Osborne，1971— ），苏格兰钢琴家。安东尼奥·帕帕诺（Antonio Pappano，1959— ），意大利裔英国指挥家、钢琴家。

下议院议会的网络直播而获得更多的快感，哪怕这颁奖的播出已经是奇迹了。

古典音乐的问题在于整个产业是如此以自己为耻，如此持续地为卷入到一项如此无关紧要、高人一等、阴阳怪气的艺术形式而感到歉意，一切已经不幸地发展到了矫枉过正的极限。古典音乐，作为一个流派，它在音乐中的地位已然等同于cranking了（自己去查这个词的意思[1]）。而如果这并没有如此令我伤心，我就会一笑了之，回去用自己小小的立式钢琴练琴。但是它确实给我们留下的后果和我们要为此背负的代价实在太令人痛心，令人无法忽视。

E. M. 福斯特[2]在谈及贝多芬的一部交响曲时写到，这是："渗入人耳中最崇高的声响"。歌德把建筑称作"凝固的音乐"。古典音乐在几个世纪以来都有它持续不断、卓有成效、震撼人心的能力，能带领我们所有人走向自我探索和提高的旅途，而其他的方式看起来要么会牵扯到西蒙·考威尔，要么就是迪帕克·乔普拉。古典音乐是一项权利，而不是一种奢侈品，让我冒着听起来感觉像是身处一场孩子们的生日派对的傲慢的中产阶级母亲的风险来说——是它幕后的产业毁了它。

---

1 crank，俚语，意指边哭边手淫。

2 E. M. 福斯特（E. M. Forster，1879—1970），英国小说家、散文作家。

那关于无法触及更年轻听众的无力抱怨，那古典音乐电台采用的显而易见的傲慢——去放一首长达12分钟的音乐（“下午6点过后的大作品”），电台里无止境的电影主题的“古典音乐”，充分且完全地将古典音乐隔离在了电视、电台和媒体之外，少不了的名人堂，最佳盒装唱片的编辑，柴可夫斯基《1812序曲》加上了大炮和迫击炮的效果（退伍军人离它们远点）——这些，都不舍昼夜地削弱着古典音乐如此无穷无尽、伟大壮丽的根本构造。

昨晚，尽管有本杰明·格罗夫纳（他真的有传说中的那么好）精彩刺激的表演，终身成就奖的获奖感言展示出朱利安·布里姆[1]是个了不起、令人耳目一新的人物，但是在一个荒谬的真空世界里，这只是令一切更浮华和毫无意义。满世界的白人（除了服务生），荨麻属的饮料和桌上的羊肉是为那些对智能手机上瘾的宾客们准备的，背景里飘扬着的古典音乐（说实话，要是《留声机》大奖乐于把古典音乐以勉强可听的音量放出来，那我们还有什么指望呢？），无聊的气氛是如此浓稠，你会因此窒息。

而我们的政治家们要继续砍掉艺术的基金，且这问题看似没人可以负责。那么很明显该轮到由产业本身掺上一脚，做

1　朱利安·布里姆（Julian Bream，1933—　），英国吉他及琉特琴演奏家。

出一些改变的时候了。天哪，贝多芬对音乐家和作曲家的待遇感到如此惊骇，他立马就刹车，不再要被像仆人般对待——他踹倒了大门，在自己听众的座位下毫无悔过地埋下炸弹，宣告了自己预示浪漫主义时期来临的地位。今天，我们花几个小钱，让行业内部人员喝着糟糕的红酒醉倒在一间冰冷黑暗的房间里，长达四小时。

无论我是多么崇敬史蒂芬·奥斯本、科奇什·佐尔坦和其他杰出的2013年度《留声机》大奖获得者，但在昨晚的典礼之后，没什么，绝对没有什么，为了对古典音乐有更好的理解或是有更美的展望，得到了改变。我真希望自己是待在家里，听着格伦·古尔德的录音度过了昨晚。

译后记

翻译完这本书的日子基本恰好就是英文原版书发行后的一周年。詹姆斯·罗兹没有在书中写到的是，这本书的发行被迫推后了一年（原定应为2014年）。由于作者前妻认为他们的孩子会因为本书受到精神伤害而阻止了出版。詹姆斯·罗兹为此提出了上诉。这场官司牵动了英国最高法院，花费了14个月，耗资200万美元，除了律师繁重的辩护，更牵动起作者（本就不那么坚挺的）紧绷的神经。值得庆幸的是，他们赢了官司，我们才得以看到这本书，而作者更受到了家人和朋友（如他在致谢中提及的本尼迪克特·康伯巴奇和史蒂芬·弗莱）的鼎力支持。

到底是什么令作者坚持出版这本书呢？我想这不只是一种出于对自我言论的保护，而更是一种对社会责任的承担。音乐在几乎所有人眼中都被视作美好的事物，却是作者立身处于扭曲生活现实唯一的救命稻草。然而，开诚布公地描述自己童年时期受到性侵的惨痛经历并非易事。更何况，自揭伤疤迎来的未必是震惊和安慰，有时会是对受害者本身的问责和强烈的反感。

而近年来欧美国家古典音乐市场的极度萎缩、部分交响乐团宣告破产的消息都证实了它日薄西山的一面。而在作者看来这也都是咎由自取。

关于以上两点，作者都在本书中予以了积极的回应，甚至可说是痛诉。有时或许看上去有些偏激，但我们欠缺的恰恰就是对儿童性侵缺乏有效的精神疾病治疗的正视，而古典音乐产业固步自封的问题也由来已久。因此，比起不温不火地埋头于糟糕的现实，我们确实需要义愤填膺的急斥以及真正实际的工作。在书外，作者为性侵的问题撰稿，为精神病院的患者做纪录片、弹奏音乐；成为一位极好的古典音乐导赏者，在BBC、第四频道、独立电视台上录制自己的节目。我想或许会存在这样的情况：会有人受到作者的启发而减轻并不该加诸自己的“罪”和过往，对被污名化的自己多一点理解和其实本不需要的原谅——起码，但愿如此。

借由这本书，我们离那些伟大作曲家的癫狂更近了一些——失妻之痛让巴赫写出了绝世之作《D小调恰空》；童年时备受醉酒父亲虐待的贝多芬不再当贵族的奴隶，挺起腰板，开启了一整个流光溢彩、空前壮观的浪漫主义时期；身材矮小、相貌丑陋，又饱受梅毒之苦的舒伯特把自己压抑的人生谱写成伟大的晚期三部奏鸣曲；罹患严重抑郁症的舒曼在投河自尽前也以一首几乎名不见经传的作品传达着自己的精神状态；还有深恋着乔治·桑但又因此被毁得一塌糊涂的肖邦、参加过第一次世界大战以及受出租车事故深刻影响的拉威尔……看似并不相关的每段章节的开始，恰恰也是作者对自己精神状态的自白——并且我想，他也会更乐于作为读者的您通过聆听这些音乐不可言说的语言来理解他。

我们要感谢作者对于“做正确的事”的坚持。尽管这本书的最后，作者也并没有真正摆脱过去的阴影，但是这本书的坦白、评批，必然终将能够改变些什么。对此，英国最高法院的最终判决书是这么说的：“最终的合理结论是本书有充分的理由出版。某个承受了上诉人遭受的经历，并一直在努力应对其后果的人，有权利把这样的经历告诉全世界。还有就是——这会令其他人也应该能够获得相应的公众利益，听到关于他人生故事每个灼热的细节。”

在此我想说的比较有趣的一点是，与如今的欧美国家相反，中国反而成为一块巨大的、新兴的古典音乐市场。但与产业规模扩大相应的也未必是产业成熟度的提高。我们在帮助更多人接触到古典音乐的道路上任重而道远。

另外，在我们几千万的琴童中，到底有没有孩子像詹姆斯·罗兹一般，把音乐视作一种美好的存在呢？放眼普遍的钢琴普及教育，拔苗助长、急功近利的考级极其枯燥、机械，还打着冠冕堂皇的“提高艺术修养”的幌子，甚至艺术高等院校入学考试也因为较低的文化成绩要求而被视作一种获得大学文凭的捷径。如此种种，我们似乎真的应该停下来想一想，音乐对我们而言意味着什么？这本书告诉我们，这世上确实有人把钢琴和音乐看得比呼吸更重要，并真正能让人找回生命的价值和意义所在。

在这篇过长的译后记的最后，我想借一点小小的空间感谢：作为读者的您，很多时候，默默的关心也是一种有力的支持；编辑朱艺星，对我这位缺乏底气的译者的支持和信任，以及在译稿过程中对我的关照；我的先生王振翮，对于译稿过程中我遇到的一些常识性问题的解释；分别身处在不同的海的另一边的黄国治先生和李明月小姐，让我想深深感谢的是他们陪伴我度过了太多个翻译期间不眠不休的漫漫长夜。

周河清

苏州

2016年5月29—30日

文
景

Horizon

社 科 新 知　文 艺 新 潮

重要的是音乐

[英]詹姆斯·罗兹　著　周河清　译

出 品 人：姚映然
策划编辑：朱艺星
责任编辑：朱艺星
装帧设计：梁依宁

出　　品：北京世纪文景文化传播有限责任公司
　　　　　(北京朝阳区东土城路8号林达大厦A座4A　100013)
出版发行：上海世纪出版股份有限公司
印　　刷：山东临沂新华印刷物流集团有限责任公司
制　　版：南京展望文化发展有限公司

开 本：850mm × 1168mm　1/32
印 张：10　字 数：154,000　插页：2
2017年8月第1版　2017年8月第1次印刷
定 价：48.00元
ISBN：978-7-208-14529-0/ K · 2637

图书在版编目(CIP)数据

重要的是音乐 / (英)詹姆斯·罗兹(James Rhodes)著；周河清译.—上海：上海人民出版社，2017

书名原文：Instrumental

ISBN 978-7-208-14529-0

Ⅰ.①重… Ⅱ.①詹… ②周… Ⅲ.①罗兹(Rhodes, James)—自传 Ⅳ.① K835.615.76

中国版本图书馆 CIP 数据核字(2017)第 128246 号

本书如有印装错误，请致电本社更换 010-52187586

Cover image by Dave Brown. apeinc.co.uk